Early youth

全国青少年校园美文精品集萃丛书 · 少年的你系列

少年的你
是含苞待放的花朵

《中学生博览》杂志社 选编

時代文藝出版社

图书在版编目（CIP）数据

少年的你是含苞待放的花朵 / 《中学生博览》杂志社选编. — 长春：时代文艺出版社，2021.3

（青少年校园美文精品集萃丛书. 少年的你系列）

ISBN 978-7-5387-6622-6

Ⅰ. ①成… Ⅱ. ①中… Ⅲ. ①作文－中学－选集 Ⅳ. ①H194.5

中国版本图书馆CIP数据核字（2021）第013171号

出 品 人　陈　琛

产品总监　邓淑杰

责任编辑　刘瑀婷

助理编辑　史　航

装帧设计　孙　利

排版制作　隋淑凤

少年的你是含苞待放的花朵

《中学生博览》杂志社　选编

出版发行 / 时代文艺出版社

地址 / 长春市福祉大路5788号　龙腾国际大厦A座15层　邮编 / 130118

总编办 / 0431-81629751　发行部 / 0431-81629755　北京开发部 / 010-63108163

官方微博 / weibo.com / tlapress　天猫旗舰店 / sdwycbsgf.tmall.com

印刷 / 三河市嵩川印刷有限公司

开本 / 880mm × 1230mm　1 / 32　字数 / 135千字　印张 / 7

版次 / 2021年3月第1版　印次 / 2021年3月第1次印刷　定价 / 36.00元

图书如有印装错误　请寄回印厂调换

Contents
目 录

好久不见陆千山 / 八 蟹 002

喜欢 / 7 乐 005

能不能再靠近一点点 / 八声甘州 013

西瓜加烤串，就是整个夏天呀 / 吃土少女 019

那时年少不懂花开 / 谷阿凡 024

我想蹲下来，陪你做一只蘑菇 / 李 殿 030

何以时光 / 不二二 036

养狗的小孩儿与她破马张飞的童年 / 郈格格 041

文艺小孩儿请留步 / 楚问荆 049

我的彩色童年 / 孟卓钺 052

笨笨童年里的那条街 / 柒 仔 055

修正少女武器进阶史 / 西 关 061

你其实可以不懂事 / 亦青舒 064
童年不堪回首之上学记 / 远　方 069
双生花会开 / 邹竞仪 074

被嘲笑的青春 / 阿　杜 078
有些事情做过就没有再做的勇气了 / bottle 082
彩绘笔记本里的蝴蝶飞走了 / 阿　砂 086
我喜欢你的这件事 / 林九九 091
那些小兔不知道的小事 / 麦田田 096
我喜欢这世界 / 米　程 100

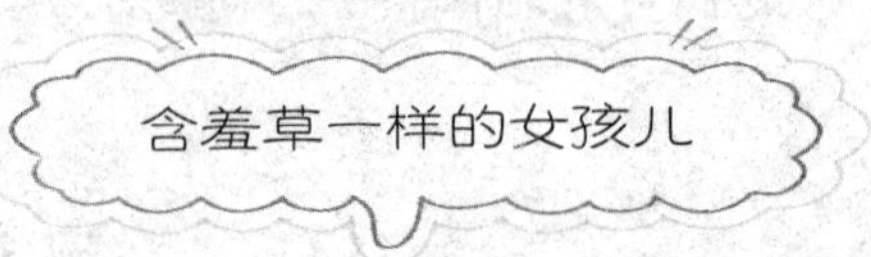

含羞草一样的女孩儿 / 小苹果 106
雏菊的春天 / 惟　念 110
热闹是别人的，我的心事只有自己知道 / 苏　遇 113
谁懂雨莲心 / 雨　莲 116
假装你不是我生命的过客 / 八　蟹 118
我心里藏着一个无人知晓的宇宙 / 亦青舒 125
像沙砾一样活着 / 陈娅婷 129

纪念日里的留声机很好看 / 杨欣妍 132
若小寒的致富路 / 若宇寒 137
我们之间，隔着一层橱窗的距离 / 夏小正 142
有钱没钱，都是好时光 / 夕里雪 145
原来，你什么都记得 / 潇湘子 150

写不出稿子的时候，我在想什么 / 四 喜 156
会哭的孩子有糖吃，会笑的孩子美滋滋 / bottle 159
那个一直走运的光芒少年 / 夏南年 162
上帝给我关上了幸运的门，
又打开了倒霉的窗 / 公子羽 165
承受是一个漫长瞬间 / 惟 念 169
梨花梨花 / 杨欣妍 172
运气是不会凭空产生的 / 杜克拉草 178

给世界一角的另一个我 / 蓝与冰 182
女孩儿都爱摄影师 / 巫小诗 194
那些“运气好”，只是在安慰你的平凡可贵 / 贞 真 213

那时年少不懂花开

好久不见陆千山

八　蟹

高一开学不久，我就喜欢上陆千山了。对陆千山的喜欢，陪伴了我整个高一的生活。我到现在仍然觉得他是完美的，无可挑剔的。唯一的缺点就是，他不喜欢我。

我是过分喜欢蓝色的，也过分喜欢衬衫，所以我才能一眼望见陆千山。他趴在走廊栏杆上，慵懒的模样，我仍然历历在目。

尽管很多人都不相信一见钟情，但就是那一眼，我喜欢上他了。

我记得最早的交集是有次我去他们班还书。从后门要进去的时候，陆千山从里面出来，我们差点撞到一起。我比较小巧，就闪躲到一旁。

我仍然记得我听到陆千山说的第一句话。他说："好高啊！"是个感叹句。当然不是说我。我下意识地回过头，看见一个很高的男生走上四楼了。心里想的却是：你不是也很高吗。

后来我们都穿着宽大的校服，突然之间大家都长得差不多了。可是我总能很快地认出陆千山。因为他很高很瘦，虽然这样的人很多。总之，他特别到我一眼就能找到。

那条只有下课时才有人群的走廊是通往厕所的，但有一段时间我却跑得不亦乐乎。拉着朋友一下课就往那儿冲。我一点儿也不想去厕所，只是想看看他。因为同是右手边，去厕所必经他们班。朋友说我傻了，我还是超开心。每天都能看到几眼，暗恋的时候，幸福总是那么容易。

我会因为和他同一天值日开心得不得了。于是我包揽了倒垃圾的活，虽然我在之前最讨厌的就是倒垃圾。我乐此不疲地去倒垃圾，因为我总是能看见他在走廊玩着篮球。我偷偷地抬头看他的脸。倒完垃圾，幸福地提着垃圾桶回班。

到底是喜欢他什么呢？真的是脸吗？我到现在也回答不出来。我只记得，我看清楚他的脸是在我暗恋了一个多月以后的事。在那之前，我喜欢他的背影，他的蓝色衬衫和他的铆钉书包。

那时候最萌身高差还没流行。知道他的身高后我每天都纠结于自己的身高，总是觉得，好遥远好遥远。现在才明白，遥远的不是身高，是距离。

虽然故事写着写着就变得那么悲伤，可我还是能想起那些快乐的时光。

我曾经跟着他跑了整个操场，也拿相机偷拍过。曾经晚自习放学就偷偷跟在他身后一起走一段不起眼的路。也会因为他不经意间经过我身旁而开心得嘴巴都合不上。

我觉得，他就是我的青春。虽然他不喜欢我，但是我无所畏惧。哭也好，笑也好，至少我现在想起来，真的是一点儿难过也没有了。

我很感谢，我能在十六岁这一年，遇见陆千山，那个有着一米八四身高、瘦瘦的、笑起来有酒窝的少年。

十九岁的尾巴，在北方的我，突然翻到这篇没有公开的日志，于是就这样穿梭回到了三四年前的高中时代，与那时的你再次重逢。

我们没有在一起，甚至在那年之后发生过太多的不愉快。还好，那些焦灼的回忆已经被风化，而美好被锁进了琥珀里。

我们的人生轨迹大概不会再有交集。

我想说，我没有遗憾。

轻狂勇敢的少年时代，我喜欢过你。没有在一起，并不算遗憾，至少我争取过。

我受过的伤真的变成了光芒照亮了后来跋涉的路。

如果有机会再见面，我会笑着和他说。

嗨，好久不见。陆千山。

喜　欢

7　乐

“而我不再觉得失去是舍不得，有时候只愿意听你唱完一首歌，在所有物是人非的景色里，我最喜欢你”。广播里听到这句歌的时候，陆七乐怔了下神，突然明白了什么。她站在原地几秒，然后轻微地勾起嘴角，继续往前走。

有时候陆七乐会想，自己到底失去了什么？走着走着就会失神陷入这个问题的旋涡。等回过神儿，已经不知道偏离目的地多远了。可惜，她再也遇不到一个可以领着她，让她在路上可以随时发呆的人了。

认识沈未时她走路思考的问题是“关于杀人犯该不该判处死刑”。她自己本身觉得这个问题无解，每个杀人犯身上都背负着一个虚无的十字架，但是并不是每个人都在十字架上受着折磨而反省。其实，万事都抵不过一句：具体问题具体分析。

想到这里时她不由得感叹：政治老师，我实在是很努力在背哲学啦。然后，常年走路出神发呆而练就一身自动躲避技能的她，终于触发了奇遇，躲避技能失效，她把沈未给撞了。

沈未皱着眉头从地上站起来，手里拿着被弄坏的眼镜，地上还散落着一堆纸片资料，他看着陆七乐，眼神颇为迷离，所以责怪的目光也变得有几分娇嗔。陆七乐原本愧疚不安和看到他坏掉的眼镜而担心自己生活费的心情一下子被他的眼神逗乐了。

真好玩儿，真好看。她想，于是咧嘴一笑。

沈未模糊的视野里，这个傻呆呆笑着的女孩儿变得更加美好了。

他们就这样，面对面地认识了。

陆七乐赔了他眼镜的钱，分期付款。沈未拒绝，无效。陆七乐这个女孩儿有时候倔强起来，连牛都怕她。沈未默默摸摸脑门儿，只能在每次她交给自己钱的时候，买些零食给她，附曰：“这个月省生活费也不容易，犒劳犒劳你。”

陆七乐美滋滋地收下了，像是被投喂了食的小流浪猫，屁颠屁颠地跟在他屁股后头，期待他能回个头，就此把自己带回家养着。

多可怕的想法。陆七乐走在路上，苦恼着这个问题，嘴里还叼着他送的棒棒糖。妈呀，我是不是喜欢上他了？陆七乐被自己滋生出来的念头给难倒了，这真是个……哲学无法回答的问题，不是吗？

是的。陆七乐自己回答。

然后她被突然出现的沈未一个弹指敲给敲回神了，沈未戴着他新的眼镜，文质彬彬。陆七乐气鼓鼓地抗议额头都快结茧了，沈未不理她的抗议，依然是老生常谈的那个问题：“你走路能不能上点心？尊重一下走路这项行为，好好地，专心地走。”

沈未无数次担心她会在路上发生点什么事，摔倒或是撞路灯都是小事，一想到有可能被车撞得血肉模糊，他就一阵心惊胆战，恨不得把陆七乐放在口袋里，好让她平平安安的。

陆七乐扯着他的衣角，跟在后头偷偷地瞧他，他比她高一大截，没有三十厘米的那种最萌身高差，可是也够了，她盯着他的耳垂，很想知道手感如何。盯着盯着自己突然就不好意思脸红起来了，只好移开目光，心里却“咚刺”“嗒刺”地开始不安分，默默地开了一场演唱会，摇滚的那种。

所以她也没发现，他渐渐粉红的耳朵，也在透露着他的小心事。

年级里开始有流言蜚语，神秘外太空女孩儿和年级学霸，好上了！

具体怎么好的？就那样好的呗，学霸经常给女孩子送零食，女孩子神游外太空时学霸把她拉回来了，两人一下课就凑一起，走路还牵手，真大胆，也不怕被老师抓到。

哎，学霸就是好啊，不用担心被抓。围观群众讨论的话题变成了“论当一个学霸的好处”，然后纷纷表示自己也要努力当一个学霸。

所以其实，有些时候，人们讨论的和他们所关心的，并不是同一件事。

可是有一件事情是真，就是他们会被老师抓。

神秘外太空女孩儿很受班主任老师的喜爱，具体怎么说，班主任老师也说不好，她就是觉得这个女孩儿身上有种符合她所教学科的美。已经要被哲学闹得走火入魔了，能不美吗？

当她问起这件事时，陆七乐一脸愕然。原来我是和他在谈恋爱吗？她还没能想通自己是否喜欢他，就已经在和他谈恋爱了？

接下来的时间班主任一个人唱着独角戏，从学习讲到高考，从高考讲到大学，从大学讲到人生。得出来的结论就是你们现在不适合谈恋爱。

“但是哲学上不是说具体问题具体分析吗？老师你这只是事物的普遍性，或许我会成为那个特殊性呢。”

她的眼里闪烁着未知的光让班主任怀疑起了自己。

“老师，你觉得什么是喜欢？”

“喜欢，大概就是他成了你心房里细心呵护的那朵花吧，你用你温热的血液滋养它。”

“不要那么文艺的表达。”

班主任一口气呛在了胸口，干瞪着眼看她。她咧嘴傻呵呵地笑了笑：“老师我也很喜欢你。”

班主任突然觉得没有必要再说什么了，眼前的这个学生还是那个会把每道哲学的题目答得非常漂亮和完美的女生，却总是在国际形势的题目上栽跟头，她要做的，就是捋直了她脑袋里的那根筋，争取从国际形势的坑里出来。

于是班主任拿出了练习册。

事情就这样不了了之，学霸被叫去谈了什么陆七乐也没问，他们仍然像之前那样。倒是她，把班主任老师又夸了一通，讲到后面她们讨论国际形势的题目时还咯咯地笑起来。沈未安安静静地看着眼前这个女孩子的笑脸，跟着扬起嘴角。

每一个季节的黄昏都有一点点瑟缩，哪怕是万物复苏的春天。那个傍晚，沈未问她，“七乐，你喜欢我吗？”

陆七乐愣了一下，“啊？”

“你喜欢我吗？”

她愣了一愣，点头。眼睛弯起来，笑得有几分明媚和可爱。

沈未的眼镜已经戴了一段时间，不再那么新了。他眼镜后面隐藏着的目光突然有些悲伤，他依然伸手弹了弹她的额头，仿佛顿悟了什么一般自顾自笑起来，几分无奈几分酸楚陆七乐看不懂，只觉得沈未笑起来真好看，却又莫名觉得堵心，闹得慌。

“你啊你……”

她看着他，期待着他后面的话，但他没有说，只是转了个身，牵起她的手。

陆七乐嘎嘣脆地愣了，脑袋里的神经似乎短路了，一声不响地，火花蔓延过脑海，直直击中心房。

完了完了，她突然感觉，自己明白什么是喜欢了。就是此时此刻，她想上前去，抱一抱他。

然而她什么也没有做，他领着她，把校园走了一圈。停在了体育器材处，他微微抬头看着双杠，伸手指了指最高的那一个，说：“我第一次见到你时，你倒挂在那里背政治。”

“啊？”

喜欢总有一个由头，学霸总不可能一直坚挺地屹立在顶端，他也有压力太大的时候，见到她倒吊着背政治时，他正心烦意乱。

他走上去问她，“你背得开心吗？”

陆七乐拱起身子，在双杠上坐直，居高临下地看着他：“挺好玩。”然后像认识之后无数次弯起眉眼那样笑了，逆着光，傻呆呆笑着的女孩儿，暖入心房。

之后他无数次"偶遇"她，却总是被无视，无数次他眼看着她要撞上路灯，心揪得要伸出手抓住她时，她总能绕过去，就像她总是在要撞上他时，一个小小的侧身就躲过去一样。

"啊什么啊，"他回过身和她面对面，"陆七乐你知不知道我喜欢你啊？"那种喜欢，想把你放口袋里……想……看着你平安……到白头。

"知道，我也喜欢你。"

日头偏西了，阳光温度也凉了，他说，他得走了，要高三了，得回到他的家乡，在自己家的省份参加高考。

"嗯……我知道，我以前有一个玩得好的学姐，她去年也回去高考了。"陆七乐的心里，突然难受起来，她觉得，有点反胃。

"以后走路，自己多小心点儿。"

她点头。

沈未想，也许他不该策划这一段相识，为了满足自己……喜欢她的心思。他看着眼前魂不附体的人，后悔了。

他走的时候是个周六，她在床上躺到了下午四点钟，然后起床回到学校，倒挂在那个双杠上，面对着夕阳眯起眼，想起无数次擦肩而过时她心跳的频率，想起学姐说："高三了他得走，那个你们年级的学霸，老师说他也不是本省的，得回去。"她终于没有再侧身，而是任凭自己直直地撞上他，她想，我们就在你离开前，当个朋友吧。未来，我好不后悔。

原来，这就是喜欢啊……

广播里还放着那首歌，“而我不再觉得失去是舍不得，有时候只愿意听你唱完一首歌，在所有物是人非的景色里，我最喜欢你。”

我最喜欢你。

能不能再靠近一点点

八声甘州

他在靠窗第五排，我在中央第七排，直线距离三米，但每当我抬头端详仅能看见他的右后半边脸，距离就突然变得很远很远直到他变成一个小小的黑点。教室成了无限的白色空间。

我对左手边的小李说："他好帅啊，我要追他！"

小李是他的初中同学，是我小时候的玩伴。开学前县中考前一百名的同学参加了火箭班夏令营，那是我和他相遇，和小李重逢的开始。在一群连平翘舌都分不清的书呆子小男孩儿堆里，我发现了他这朵高洁的白莲花。每天我总目不转睛地看着他，数他一共有多少双球鞋，几天穿一次李宁的绿色蚂蚁花T恤，叶子一天天落下时，我沉迷于看他毛衣上从上到下变大的平行四边形花纹。在我一次次的追问下，小李"血泪横流"地讲述了同校初中女生追他的悲壮史。好看，高冷，有钱，睿智，篮球……当这些标签都贴在一个躯体上时，他就成了大众男神。而追他的女生，有柔情似水，一等好几年的痴情者；有眉目出众，大胆泼辣的元气妹；有披头散发，浓妆艳抹，不答应我就堵你的社会姐；总之，什么样的都有。他也是身经百战，躲女生逃进男厕所，好友打掩护，扔得了情书退得了礼物，身体不舒服时喝过追求者送的葡萄糖，交过女生字迹的作业本。但他软硬不吃，几乎对女生绝缘。

听过小李的话，我更想追他了。这是个挑战，我最喜欢挑战。大众男神知名度太高，一战成名不成就要丢人。所以我决定先做一件别的疯狂事，再来搞定他。在一片热血沸腾中我报了校运会一千五百米，低头看着红色的跑道稳步向前的时候我几乎没觉得累，直超众多体育特长生跑到第三名，为火箭班赢得了唯一一张奖状。第二天拖着疼痛的屁股和腿，我抄下了《Let it be me》的歌词作为情书，脑子里单曲循环着“I bless the day I found you，I want to stay around you.Now and Foever，let it be me.”缓慢的钢琴节奏搅得我焦躁不安，牛奶咖啡一样浓稠的曲调将我缠绕到手脚冰凉。晚自习最后一节我紧紧捏着叠到不能再小的信，看了一篇张嘉佳的《老情书》。放学铃一响，我就等在教室门口旁黑暗的角落里，他收拾了很长时间的书包，就像知道我在等他一样，好不容易出来了。我之前打算好的什么对着他的眼睛说我喜欢你之类的计划全乱了，慌张的我脸烧得滚烫，匆匆把信塞进了他衣服的口袋里就逃跑了。在校门口的小李傻傻地举着棒棒糖和小气球等我凯旋，就差拉条横幅了。直到他蓝色白条的阿迪衫在世界杯纪念款的电动车上飘远了，我才抬起害羞的头，哆哆嗦嗦地拿走了一半的糖，居然都是橘子味的。

那天晚上他给我发了一条巨长的消息，大意是他不善于和女生交流也不想伤害任何人之类的。小李说我挺厉害了，他从来没跟女生说过这么多话，打过这么多字。但这也就是他的婉拒，可能我比其他女生特别一点儿，所以话多点。

每天放学我都习惯踩着他影子的头部走路，时不时偷偷看一眼他的灰色书包。我中午吃饭的时候一直在看日版《一吻定情》，飘飘地认为自己是琴子，刚好女主在学函数，在追直树。我看见$f(x)$就头疼，必修（一）满满一本偏偏全是，打着请教问题的名义我经常找他聊天。他总是低头看题，修长有力的手指握着笔在草稿纸上划来划去，步骤简单明了，几乎没有对话。他的声音比较低沉，却有一丝清亮，我只听过他单音节的“嗯”，或是课上提问时极简短的回答。我喜欢他的声音。黏在他身边的我总有很多话，他可能是不好意思赶我走，所以我更加肆无忌惮。我的思维跨度大，总能从“学校门口的面筋老是不熟啊”说到“我妈去井冈山旅游给我带回来两条菊花内裤”，听到好笑的地方他也会动动嘴角，很淡很淡的笑意，也好看，反正他怎么都好看。我觉得我们关系不错，我经常借他的笔记、错题档案，里面的字迹都是工工整整，一清二楚。我没有追问他结果，因为表白后我有点后悔，自己冒冒失失的。我问小李我会不会很丢人，小李说这样挺好的，这样喜欢一个人，在这么美好的年纪，以后回忆一下也不错。说得自己好像很老了一样。

他喜欢我吗？他确实对我不一样，他总是找我问作业，别人邀请他一起朗诵他拒绝但是却答应我的请求，尽管那是一个七人朗诵，两两配对我还是单出的那个。就在上个周末学校补课，我故意穿着他肥大的校服上衣，他说脏了要换了，不要穿了。我低头看了看袖口，只有一点点墨点，抬手一嗅，特别香，根本没有我后边那个矮冬瓜男的身上那股汗臭混肥皂的恶心气味。我使劲嗅着香，想辨别出是哪个牌子的洗衣液，夸张地吸鼻子，笑着吐吐舌头说："好香呀！"他突然就看着我，眼睛非常明亮，也吐了吐舌头，那一瞬间很快，但我看见了，真可爱，像小狗一样。

就在我努力说服自己有这样一号人物做个朋友也不错的时候，有个女孩儿来找我了。那是一次普通的课间操，三个女孩儿站在后门，喊我出去聊一聊，这通常是风暴将来的开始。班里的同学都去跑操了，偏偏我不信邪。我想我不能做孬种，三对一我也不怯她们，打不过我就跑，反正我跑得快。我们沉默地一起走到女厕所门口。中长卷发的女孩让另外两个人在门口守着，看样子她是老大，其余一个是沙宣头，另一个个子很高，留着长长的马尾。我在校服裤子上擦擦手，心想大概要开始“撕”了，谁知刚进厕所，突然腹痛难忍，只能抱歉地对她说稍等。她不许我关上门，说反正都是女生。尿尿的声音挺尴尬的，她不耐烦地踱着步子，梨花小卷一颤一颤的，皮肤白皙，身材匀称，大眼睛很漂亮。为了缓解气氛，我试探性地提议，“你有什么事就说吧。”大概因为快要上课了，她接受了我的建议，她说她叫冉，喜欢他好几年了，为了他变成了坏女孩儿之类的话。故事情节比较丰富，讲述也很动人，说到某些地方她还掉眼泪。在这期间，我一直坐在马桶上，因为我不知道该什么时候站起来。真的，冉的故事绝对可以翻拍琼瑶剧。我真想说，你放心，我决定和他做朋友了，你别放弃，你最棒，加油。没有打耳光，也没有刺耳的辱骂声。预备铃响了一次，冉终于说完了。我们就一起走出去，然后回教室，什么也没发生。冉就讲了她的暗恋故事，够凄惨，但也没有感动我，大概有不少像我这样的少女争先恐后陷入这个怪圈吧。他怎么就有这么大的魔力呢？

光棍节那天是我和小李共同的男性好友池某生日，男闺密是一个我不喜欢的称呼，但池某的确在这个位子上，而且是跟很多女生都是在这个位子上。池某精通女孩儿心思，却一直是条单身狗，曾经某个深夜我也痛哭流涕地给池某发短信诉说我内心的犹豫和等待的煎熬，在宽慰中沉沉睡去。光棍节那天我们一起去某西餐厅吃饭，客人少得可怜。小李抱怨菌菇奶油汤甜，我装模作样地切牛排，池某突然问我："你追他快成功了吗？"

那一瞬间我有一种虚无的感觉。我说："快了吧。"实际上我也不知道这样的日子还要持续多久。我想起了冉，想起了很多女孩儿，一个个哭着跑向远方，说："橘子糖，真酸，酸得我的眼泪都出来了。"轻轻靠在沙发座椅上，柔和的灯光笼罩着，我想睡，想回家了。

橘子糖只剩一颗了。放学时我闷闷地跟在他身后，剥开了有点皱的糖纸。

"喂，要不要吃糖，吃掉你就是同意做……"

他停下了，小胡同的照明灯打在衣服上像结了一层白霜。他转过头，嘴角弯曲成好看的弧度，轻轻拿起来那块糖。

西瓜加烤串，就是整个夏天呀

吃土少女

1

很小的时候，我还不知道怎么吃西瓜，或者说是不知道怎么样很“优雅”而“体面”地吃西瓜——因为西瓜的汁水总会顺着我的胳膊流到胳肢窝……想象着这样的画面，真是“蜜”之尴尬。

可就算是这样，也抵挡不住我那一颗爱吃西瓜的心。爸妈因此想过很多的办法，比如把西瓜切成做水果沙拉一样的小丁——但一次只能用牙签扎着吃几颗西瓜丁儿的感觉，比起从前我像个猪八戒那样大口大口地啃，真的是一点儿也不过瘾啊。

后来，还是外公帮我想了一个好办法。他把西瓜带着藤蔓的一头切了下来，形成一个有青绿色藤蔓“锅把儿”的“锅盖”。再把里头的果肉捣碎了，放上白糖，再把“锅盖”盖上，吃的时候只要用勺子一勺一勺舀就好了。

从那以后，在外公家的每个暑假，我都特别期待午睡起来之后从冰箱里端出来的纯天然“西瓜汁儿”。迫不及待地抱着被揭了盖儿的西瓜喝上一口，那种沁人心脾的凉爽，就是夏天。

但是外公不允许我多吃，我便跟他谈条件，一天就吃一小个，但是勺子要换成小的——他问我为什么，我就抱着西瓜头也不抬地回答他：“勺子小，可以多吃两口，吃得久一点儿啊。”

外公笑呵呵地摸着我的头说：“傻丫头，吃吧，夏天还长着呢，每天都给你买。”

外公那时候不到六十岁，健谈又慈祥；如今十多年过去，精气神不减，远在广州的他还时不时打电话来问：“晨晨呀，都夏天了，你吃西瓜了没呀？”

要知道我现在已经是二十好几的人了，在外公眼里，我只怕还是那个吃西瓜都会吃得满嘴满手西瓜汁的十岁不到的小家伙。

是不是在上了年纪的长辈们眼里，所有时间和刻度都是暂停在记忆的某个维度？因为你看，他始终都记得，他的小外孙女在夏天到来的时候，就必须要吃西瓜呀。

而这份习惯，也一直由童年带到了现在，每当现在的我拿勺子像小时候那样吃西瓜的时候，心里就一直心存着感激——

翠绿色的西瓜皮、弯弯绕绕的藤蔓“锅盖”，是外公在平凡的生活里为我精心酿造的生活情趣，更是他把我捧在手心里的疼爱和关怀啊。

我想，有一天我同样会跟现在的外公一样迈入老年。但只要当夏天来时，我掀开翠绿色藤蔓“锅盖”，就依旧是那个永远也长不大的小少女。

2

而烤串来到我的夏天里，则还是不久前的那个傍晚。那天下班回家的路上，在小区门口我被一股扑鼻的辣椒味儿和孜然味儿吸引住了。只见一大帮食客在摊位旁边的小凳上围着小桌子人手一个烤羊肉串，龇牙咧嘴却很享受地吃着，风吹得木炭的烟味在空气里到处都是。烟雾缭绕中，我怎么也迈不开步子，要了五个羊肉串、两个辣椒，还有一份韭菜，决定自己一定要在尘土飞扬的路边烧烤摊，尝尝这夏日里的“人间烟火”。

其实早在夏天到来之前，各大美食微信公众号里就打出了煽情的标题——“无烤串不夏天”“烤串和夏天更配哦”……一开始我并不是很在意，因为对我来说，夏天里只要有西瓜就足够了啊！但那天傍晚我的味蕾和我坚守的只有西瓜的夏天在烤串面前溃不成军。

那之后的接连好几天我晚上都没有吃饭，我是如此坚定地贯彻着一个“吃货”的觉悟——疯魔了一样地爱上了吃烤串——羊肉串的肥瘦相间、青椒的入味、韭菜的翠绿鲜亮、鸡脆骨的嚼劲十足……好吧，从那一刻起，我知道，作为一枚从前只有西瓜属性的吃货少女的我，已经重新开辟了一块夏日美食新天地。

炎炎夏日里的人们，却喜欢在露天的场地里吃着现烤的高温食物，一边吃，一边侃大山，还不忘讲上一两个笑话……

坐在他们中间，才发现平凡生活可以是如此鲜活有趣。那种感觉，就像是儿时的夜晚，坐在外公老家的庭院里，抱着西瓜，摇着蒲扇，拉家常，看疏疏朗朗的月亮，是那样的自由、幸福，还有趣味盎然。

我所向往的生活，原本就该这样啊，像夏日一般灿烂热烈，又于淡然中平添生趣。

就像外公，他明明可以随便把西瓜“锅盖”一掀就好了，但他还是时不时地会把西瓜果肉随便刻画几刀，随便雕成什么样，我一打开，看到那份“惊喜礼物”，就能感受到他老人家的美好用心。

而他的用心，在岁月中沉淀了下来，成了我记忆中夏天最美的味道。

3

写这篇文章的时候，我又完成了我个人“吃货”史上的一个壮举——左手烤串、右手西瓜——吃完的那一刻我才明白，烤串的炽热高温与西瓜的冰凉惬意相撞，这本就是整个夏天啊。

那时年少不懂花开

谷阿凡

1

一个人搭公交，车窗外飘洒着雨，广播里周杰伦唱着：“谁在用琵琶弹奏一曲东风破？岁月在墙上剥落看见小时候……”

回忆如困兽，寂寞太久而渐渐温柔，熟悉的旋律总是容易让人想起往事。

我想起霍东，想起青梅枯萎竹马老去的童年，还有当初满脸稚气的我们。

2

霍东是在班上被好多姑娘喜欢的男生，白白净净，有明朗的面容和清澈的眼神，暗恋就像是从心底开出的一朵花，颜色并不一定最鲜艳，但却是你精心灌溉期盼绽放的花束。

我和霍东坐前后桌，我只要一转身就可以看见他白净的脸，这让我心里暗爽。那时候，因为霍东喜欢周杰伦，所以我省下饭钱攒够了去买他的专辑。放在随身听里循环来听，心想着，这样就可以更靠近他一些。当时年少，方文山的词我还看不懂，却迷上周杰伦不清楚的吐字和随性的旋律，我也不知道，是不是因为喜欢霍东，才觉得周杰伦更加酷炫，爱屋及乌从来都没有什么逻辑可循。

午休的时候，周围的同学都趴在课桌上酝酿着睡意，教室里的老风扇“嘎吱嘎吱”转动，我转头，迎上霍东的目光，小鹿在心里乱撞，我递过去一只耳机，小声问着：“要听吗？周杰伦的歌。”霍东笑笑，伸手接过耳机塞进耳朵里，继续趴在课桌上眯起眼睛，我们一前一后，用同一副耳机，听同一首歌。

窗外，天蓝得清澈而悠远，枝繁叶茂的大杨树搅碎了时光，飞机云划过，拖着长长的尾巴，树上知了的叫声似乎也变得动听。

3

后来，我们常常在午休的时候用同一副耳机听周杰伦的歌，我给霍东看我收集的周杰伦的资料，送给他我精心挑选的贴纸，他开心地跟我一起聊起来，把周杰伦的贴纸贴满整张课桌。

这个年纪的男生女生交往都是谨慎而矜持的，如果被同学知道了，一定会被闹大，早恋在这所优质学校里是坚决不被允许的。

我在MP3里录了自己的声音："霍东，我喜欢你。"用这种方式告白，是我在思考了很久之后才决定的，那几个字，我反反复复录了好多遍，放在最后一首歌的后面。

我照旧把耳机递给霍东，我听见耳机里周杰伦慵懒的嗓音，也听见自己的呼吸，一点一点地跳跃，还有内心深处的欢喜，把整个年少的夏天都染成彩色。耳机里的歌曲一首一首地播放，末了，那几个字出现，我不知道他听到这句话会给我怎样的回应，我转过头瞄一眼霍东，他正趴在课桌上眯着眼睛，脸上没有任何表情，也没有给我任何回应，像往常一样的，在下课铃声响起的时候把耳机还给我。

我想，他一定是不喜欢我。又或许，他睡着了，没有听见那句话。年少的心太脆弱，我更希望的，是后者。我忽然为自己的冲动和愚蠢羞涩，心里一百个希望，他睡着了，没听到多好，大家还是好朋友。

4

一次班级大扫除之后，同学们都坐在露台发呆或是聊天。有个女生迅速地跑到霍东面前，塞了一个粉红色的礼品盒又迅速跑开，留下周围同学的唏嘘和起哄声，夏天傍晚的天空忽然变得灰蒙蒙。

我不再跟霍东分享同一副耳机听歌，故意在他面前跟别的男生聊天，聊原本只会跟他说起的周杰伦。年少的我们不懂爱，只知道喜欢一个人就不希望他跟别的女生走得太近，明明太想吸引他的注意，却又故意表现得满不在乎。

午休的时候霍东问我："为什么不一起听歌了？递一只耳机给我啊。"我回过头看了他一眼，满心忐忑地回应他："耳机坏了，只剩一只响了。"然后转过身趴在课桌上和自己赌气。

5

隔天的早上，我到教室，发现桌洞里多出一个盒子，打开了，是一副崭新的耳机，旁边贴着一张纸条，写着清晰的一行字："苏小婉，我也喜欢你。"落款是，霍东。那上面写的是也喜欢你，这就是说，他那天没有睡着，他听到了我用MP3录下的告白。

我握着那张小纸条，脸滚烫，像发着高烧，这清晨的空气多新鲜呀，我只觉得胸腔里辗转的都是暖意。

后来，我们一起听歌，一起讨论数学题，放学会一起回家，在路上讨论周杰伦的新歌。我那时候想，恋爱是这样谈的吗？这样的时光多美好。

6

有天放学后，老师找我和霍东谈话，问我们是不是在谈恋爱。我们低着头不说话，因为我们也不知道，恋爱是不是这样谈的。老师调开了我们的座位，通知了我们的家长。

霍东的家人要给他转学，所有人都知道为什么。我在夜里哭湿了枕头，是真的很舍不得他。

那天下午放学，我磨蹭得很晚才走，出教室门的时候，看到霍东站在门口，他是在等我么？

霍东递给我一只耳机，我们谁都没有再说话，一路走着。快到家的时候，霍东从书包里拿出周杰伦的新专辑送给我，他说："明天我就不来上学了，以后，你要有新的朋友，要快乐，要好好学习，然后长大。"

我伸出手接过新专辑，眼泪，顺着脸颊滑落。

“霍东，也许我们都还太小了，爱情也都还没有长大，等到有一天，我们和爱情都长大了，长到我们能够承担它的时候，我们再相爱，好不好？”

我看到霍东的眼睛里闪着光芒，他说：“好，拉钩。”

那时的我们，只能是友情，因为爱情还太小。

7

亲爱的霍冬：

后来我们分别，但是喜欢周杰伦，喜欢他的歌，却成了我长久的习惯，塞着耳机听他的歌，是我怀念你唯一的方式。

我至今还留着你送我的那张专辑，我还会去听周杰伦的演唱会，会继续买他的专辑，会偶尔关注他的动态，但这些都不是全部了。

时光凉薄，过了狂热的年纪，走过了青春，留下回忆。不管是周杰伦的歌，还是记忆中的你，都是成长留下的印记，足够我用一生去回味。

我想蹲下来，陪你做一只蘑菇

李　殿

昨天从超市出来过马路时，又看到“那个孩子”拿着小铲子在绿化带挖土。第一次见到他时，我还没上小学，我蹲在他旁边像只蘑菇，看着他小心翼翼地把小草栽进土壤里，用脚严严实实在小草旁踩了几脚，接着他弯腰用手挖土，把小草从土里挖出来，他的指甲盖里都是泥土，然后他开始栽草。

1

隔壁是四婶家，好几次小蘑菇不出来吃饭，四婶便端着饭菜进他卧室，每天变换着菜色，小蘑菇也不怎么吃饭，喝着可乐当饭吃，最令人烦心的是小蘑菇不爱说话也不出门，躲家里上网一年了。四叔脾气火爆，三天两头想踹小蘑菇的卧室门，被四婶拦着。

四婶几乎是逢我在家就拉着我说："你有空和他说说，你是读书人，他会听你的，你叔骂他，他脾气更倔。"

"你不打算带他去看心理医生吗？"这句话我也只在脑海里飘过，没跟四婶说。最后四叔踹了小蘑菇卧室的门，我和小蘑菇说了一晚上的"好好工作，天天向上"的话，他很安静地躲在被窝里，像只受伤的野兽。

隔天，四叔拔了他的网线。小蘑菇就彻底暴躁起来，把家里能砸的东西都砸了，四婶吓得立刻叫120过来，最后小蘑菇进了医院的精神科，好几天没能好好睡觉的他终于在医院里安静地睡着了。

小蘑菇的姐姐是被四叔骂到大的，小蘑菇也不例外。外人看不到小蘑菇心里有多害怕，就像很多时候精神上受到的暴力总是能比身体上来的更猛烈，可你却看不到。有些话不是不想说，只是恐惧。医生说，小蘑菇得吃药，配合心理治疗。

四婶和四叔因为小蘑菇的事情，又开始吵架了。

我突然想起小学二年级，有一次《老鹰捉小鸡》作文大半个班被重写，因为按照语文老师的要求，最后的小鸡一定要被老鹰抓到，或者母鸡妈妈一定要保护好小鸡。多数不及格的同学写的是小鸡最终战胜了老鹰或者是写成了小鸡抓老鹰的边缘体裁，而我比那些不及格的人更惨，因为我连老鹰抓小鸡的游戏都没玩过，更不要说什么小鸡蹦蹦跳跳躲在母鸡妈妈的翅膀下。我紧张地伸出手来，老师的教鞭还没下来，我眼泪已经出来了。

“啪啪啪”，一下两下三下……

打的是左手，右手边抹眼泪边颤巍巍地拿着削得尖尖的中华笔一笔一划在皱巴巴的作文纸上写着“有一天放学，我开开心心地背着书包和小伙伴一起在操场上玩老鹰捉小鸡的游戏……”重写的那一篇被老师退回来，原因是没有用上“小心翼翼”这个词，结局是教室的门已经被门卫锁起来，而我站在门旁边的窗户小心翼翼地在作文纸上边写边哭，直至夕阳落下，习惯暴力的爷爷用藤条抽了我几下才用自行车把我带回家。我以后便养成了一个不好的习惯，作文一定要参考小学范文小心翼翼地写才安心。

2

那时年纪小，还没有朋友，他成了我最喜欢的人。我从家里偷来了爷爷的小铲子，还从田野里带回一束小花和他一起挖土，直到从田野里劳作回来的爷爷把我从他身边拎走。那时他还没有生病，只是喜欢机械式地在那儿挖土。后来他生病了，爷爷把我锁家里。

爷爷说，那少年的父母吵架，天天打孩子。

“他不会伤害我。”我小心地扒着饭吃。

“他父母和他都有病，懂吗？”爷爷已经生气地要拿起鸡毛掸子。

那时的我还是会趁爷爷煮饭时偷溜出来蹲在他身边，看着他小心翼翼地拿着铲子把土盖紧。

我开始喜欢上黄昏，在日落前我可以站在屋顶上像621星球上的小王子那样坐在椅子上看着余晖以及那个种花的少年，也就是那时，我开始产生一种孤独的感觉，那是种不能和他一起种花的孤独感，可在产生这种孤独感的同时我又害怕爷爷手上的鸡毛掸子。

我曾问爷爷他什么时候开始挖土。爷爷说，从他第一次打破家里的一盆花开始。

很多年后的深夜，我从梦里醒来，突然想起他也曾经是个少年，也背过书包上过学。

尼罗说，一个人如果在幼年或少年时代心灵受了很严重或者很持久的伤害，那么他们即便看起来会变得成熟圆滑世故，其实最深处的灵魂就会停在那个时期不成长了，或者成长得很慢了。那种伤害他们嘴上从来不提，心里永远不忘。

有一天，他站在我家楼前，我给他递了根香蕉，我又偷偷地把家里的零食拿出来给他。大冬天的，我的手心刚被爷爷抽打过，忍着眼泪，站在冷空气里直哆嗦地说：“你这样吃得饱吗？”

后来爷爷去世了，妈妈把我接回县城住。直到昨天，我走出超市过马路时，看到“那个孩子”在绿化带挖土，他的背因为常年弯腰已经佝偻了，他已经老得我快认不出来了。

我决定再爬上旧宅的屋顶去看一次日落，可太阳却大得我睁不开眼，眼泪说掉就掉。

如果可以的话，我仍旧想蹲下来陪你做一只蘑菇，你挖土，我给你带花。那些年不能拂去的伤痛，让我好好陪你做一只蘑菇，好吗？

双生花会开

何以时光

不二二

那是一段穿着开裆裤的岁月，桑葚树上孤零零地挂着几颗紫红的桑葚，我们在掉漆的蓝色大货车上奔跑，自制的风筝在空旷的田野里飘荡，小山丘上还留有烤土豆的香气，几个妇女扯着嗓子喊我们回家吃饭……嘘，别打扰了我们，我们的童年。

我的老家是平房式的小巷子，就像《请回答1988》里的双门洞一样。一望无际的蓝天，一群年龄相仿的小伙伴，还有隔壁阿姨的粗嗓门，让我的童年像一幅绚丽多彩的乡村油画。

你再欺负我我就哭给你看！

飞哥是我们巷子里最大的孩子，他读初中的时候我还在读一年级。可是他却从来没有一个当大哥哥的样，每天只管铆足了劲儿地欺负我。比如每次我在他面前吃夹心饼干的时候他都会给我灌输要有福同享的思想，所以在我颤颤巍巍伸出手又缩回来的时候，我就会发现我夹心饼干的夹心不见了，措手不及之际他已经大摇大摆地走了，我“哇”的一声就哭了。最后认怂的还是他，我理所当然地会多得一两颗夹心糖果。当然更多的时候他会冲过来捂着我的嘴说我再哭就叫警察来抓我，年幼无知的我最怕的就是警察。

后来飞哥去县里上高中了，我一个星期只能见他一次，所以每个星期五我都喜欢在巷子口眼巴巴地等着他回来。他每次见到我都会把我捧得很高然后往我口袋里塞上一根棒棒糖，直到次数逐渐递减，我在巷子口再也等不到他，他离开村里去了很远的地方上大学。

你再笑我我就打你!

小A比我大四个月，所以从我记事起，小A就像王奶奶手里的拐杖一样从未离开我的视线。当时流行一部动画片叫《魔法咪路咪路》，小A家的电视总被她姐姐霸占着看电视剧，她便每天准时准点守在我家电视机前，各自捧着晚饭看得津津有味。当然我们的相处并不其乐融融，比如有一次她说她不喜欢咪路了就被我打哭了，后来我用一块山楂糕跟她和解，因为她说她要叫警察来抓我。

六岁的时候要去上一年级，报道那天我去得比较晚，全班的人我只认识小A，去的时候看到她趴在桌子上眼圈红红的。我妈问她怎么了，然后她妈妈说等不到我就哭了，在我很不厚道地笑了她五分钟之后，她狠狠地瞪了我一眼说你再笑我我就打你!

后来我们很有缘分地同桌了六年。初中以后不再同班，初三的时候她一声不吭地跑去外地打工了，她妈妈跟我说她觉得压力太大了。四个月后我再一次见到她的时候，望着眼前这个憔悴的女孩心疼得说不出一句话。后来我劝她继续读书，她没有同意，她说既然选择了这条路，便只能一直走下去。她从小到大都这么执着。后来我们见面的次数也变得很少很少，直到我上高中后便只剩过年能见了。

你过来我教你!

毋庸置疑，我现在汉子的性格就是小时候跟小强混出来的。小强比我大一岁，特别喜欢看功夫片，还不要脸地总是把自己代入成李小龙或成龙。他对我说过最多的一句话就是你过来我教你!

五岁那年，我在一个很陡的小山丘底下心惊胆战看着小强三下两下地攀上去，爬到一半他突然回过头来对我说你过来我教你！然后他就不由分说地拽着我过去，上不去下不来的时候我脑子里闪过一秒的绝望，然后整个人直直地摔了下来。后来的事情也不用多说了，小强被他奶奶狠狠地揍了一顿，导致有一段时间他看到我就躲。

小强有着我最羡慕的一个技能就是他会做各种风筝，所以在我和小A眼巴巴地乞求下他终于对我们说了你过来我教你！那是我人生的第一个风筝，泛黄的纸上画着两只小鸭，线用的是老妈织毛衣剩下的残线。理所当然的，它飞不起来，后来我忘了它被我放在哪一个角落，总之在层出不穷的新鲜事物中它很快就被替代掉了。

小强从小跟着奶奶在村里生活，父母在城里做生意，中考后他便被接去广州读高中了，我们唯一能联络的方式就是QQ，他总喜欢给我发各种新奇好看的东西，偶尔会跟我说他很想我。

梦　醒

飞哥大学读医，大学毕业后就在上海工作了。每年过年回来的时候他总是要跟我说要好好学习，才能去看看外面的世界。

小A终于适应了独自打拼也开始学会了享受生活。我隔几天就会看到她跟我说她又淘到了哪种美食，攒够钱的时候她就会去旅游一次。我心疼她过早接触社会，欣慰的是她没有被这个社会同化。她上个月成年了。

小强今年高考了，前几天他给我发了一张自拍，背景是没有尽头的练习书。我打趣说他胖了，他说装的知识太多撑的。他说好累啊高考有个屁用。我说长得这么丑不读书你还想干吗。他给了我一个挥手的表情说他要去刷题了。

如果一切都没有变化，那该多好。可如果一切都没有变化，那该多可怕。离别就是时间的缩影，在这种不间断的离别中一点点体会到生活和成长的本质。那些美好的东西，也就这么幻化成回忆，藏在心底。

我希望我爱的人，一直都好。

养狗的小孩儿与她破马张飞的童年

邴格格

“啊啊啊，你又咬我鞋带！我打死你算了！”从鞋架最底层拎出新买帆布鞋的我瞬间石化，狮吼着不知道怎么才能表达我对这阵亡的鞋带的心痛。看着小祖宗背着耳朵灰溜溜装听不见的样儿，心想谁说猫像主子狗像奴仆的，一只被惯坏了的狗才是人间极品。

“不能欺负你妹妹。”许老师义正词严地把我家小祖宗叫到她身边，“想当初你买回来的时候可是‘海誓山盟’的——”

暗暗落泪，自己犯的错，死也不能承认。

1

上小学时每天中午晚上都要穿过那条熙熙攘攘的彩虹

桥。当年桥上没有不耐烦的鸣笛声，人来人往热闹繁忙的样子像在逛集市。我那时并不属于外向的小孩，总是贴着桥边的栏杆低头走过去，像一道雷打不动的背景墙。

偏偏那天桥头被人群堵住了。一群跟我一样身穿鲜艳无比的过时校服的小学生蹲成一圈，围住一个卖狗崽的老太太。

“看看多可爱，十五块钱抱走。”

一团团白毛球攒在一起，蠢萌地乱挤。我好奇地凑到人堆里，看几只狗崽在纸箱里彼此拱来拱去，全然不知别人都恋恋不舍地散去了，只剩我自己傻傻不肯走。

“多可爱啊！孩子，抱一个吧。”头顶传来的声音吓得我一个踉头，抬头看见老奶奶正一脸慈祥地注视着我，伸出两只手悄悄示意：“十块钱就给你。”

好像十块钱与十五块钱对于一个小学生来说有多大差别似的！再熊的熊孩子也不敢擅自决定一只狗的命运吧？况且我又不是那种熊孩子，上学好好的突然得到一只狗，惊悚程度不亚于电视剧里的男一号平白无故找到了自己的亲妹妹。最关键的是，我没有那么多钱。

迟疑地看看她又看看狗。纸箱最角落里那只，眼眶一黑一白很好认，老老实实蜷成一团。别的狗不带它玩，好像已经注定它是马上要被我买走的。

怎么办呢？人生第一次面临这么严峻的选择。我攥紧了拳头，手心都汗湿了，终于下定决心小声问：“奶奶，你下午还在这里吗？”

“卖光了就走喽。”

2

如果没有那个下午，我会觉得小学全都是童话梦幻般的美好回忆。

“你们谁能借我点儿钱吗？”中午一进教室我开始站在讲桌边喊。每天下午上课前的气氛往往比较活跃，适合办些大事。

谁知话音刚落，四周立刻寂静下来，同学们都齐刷刷地盯着我——最怕空气突然安静有没有！我一边想，一边感慨生活为什么充满尴尬。然而我用行动证明了头皮是真的可以变硬的，脸皮是真的可以变厚的。“有一块借一块，有五毛借五毛，我想凑十块钱。”

后来回想起来，我仍然清楚地看到空气中大写的辛酸：讲台边的小姑娘一脸严肃地从同学们手里接过零钱，没有募捐那么高尚，又不好意思说是救济，寒酸的气氛里充满了谜之团结，甚至有一名受电视剧坑害颇深的女同学紧张兮兮地问我：“是你家出了什么事吗？”

请问什么大事能让我到班里来凑十块钱？十块钱去买壶豆油都会被老板赶出来，还指望拯救地球？然而我抑制住了翻白眼的冲动，看在她资助我的分儿上只摆出一脸衰相。

于是那个下午，一个蔫了吧唧的小姑娘拉着她唯一的闺密林子，鬼鬼祟祟又火急火燎地向彩虹桥撒了欢儿地奔去，裤兜里鼓鼓囊囊，五毛一块的硬币哗啦哗啦地响。

3

“哟小姑娘，再晚点就没有喽。”掐腰喘着气站在奶奶眼前时，纸箱里只有一只狗崽了，仍是眼眶一黑一白的那只。

小心翼翼地将兜里的硬币纸币掏出来，郑重又诙谐地交给她。

竟然少了一块。

“只有九块？”老奶奶吊着眼睛瞥了我一眼。

我一下子愣住了不知道怎么办好，双腿发软眼前发黑，心想完了完了有生以来第一次碰到这么大事儿。

“不可能啊！”激动得破了音，现在想想怪可怜的。我有个毛病，一激动就开始掉眼泪，于是一边哭一边委屈地自言自语：“我明明……”

可能是被我吓到了，老奶奶最终以九块钱成交了最后一笔生意，连同纸箱也慷慨地送给了我。

回家的路上箱子在我和林子手中传来传去，一蹦一跳一转圈，不知道怎么释放这种兴奋才好，甚至觉得心情一好起来，连胸前的红领巾都比往常鲜艳了。

可是到了家门口不敢蹦跶了，才想到自己有更艰难的一关。

“这样，咱俩一起上楼去，就说狗是路上捡来的，你跟我妈说你想抱回家，又怕你爸妈不让；我趁机求她把狗留下——有你在，她一定会答应的。”论朋友的重要性，一击掌计划便达成了。

我俩自导自演了一幕非常完美的戏剧，许老师耐不住我的软磨硬泡和林子的神级演技，同意留下我的“偷渡品”。可偏偏就在完美谢幕前，出了问题。

“哎，你的钱掉了。”林子要走的时候，许老师捡起遗落在沙发上的一元硬币。

我秒懂了，可是林子诚实又耿直地看看她又看看我：“不是我的，是格格的。”

可怜我那么小的年纪就体会到了万马奔腾的心碎感。许老师清楚得很，我那天没有带钱啊！

4

“小小年纪脑袋里净是鬼主意！”林子走后，许老师立刻威严地坐到沙发上，我则一副沉痛悔过状站在地上，知道考验演技的时刻又到了。要不是许老师遗忘在她怀里的狗崽给她增添了一丝滑稽的气息，我本来是可以哭出来的。

“哪儿来的钱？”她声色俱厉地问。

“跟同学借的。”

“说谎！哪个同学无缘无故借你十块钱？”

“真的是借的！”我一激动又开始哭，哭得委屈又诚恳，煞风景的是伴随着打嗝一般地抽噎，“我管——十来个同学——借的。”从校服兜里掏出皱巴巴的一张纸，上面是歪歪扭扭的字，写满了生命不能承受之重。“我把名字——都——记下来了，想以后——慢慢还——”

我有非常不稳定的每次一两元钱的零用钱收入。我要在接下来的两周里忍受许老师怀疑的目光坚持每天带零花钱。我要扛住良心的谴责和同学的好奇。我要偿还一笔多达十元的巨额欠款。我……越是想着，哭得也越来越绝望，第一次发自内心地体会到：生活为什么这么艰难！

可是，我没有听错的话，板着脸训我的许老师在我内心这么崩溃的时刻居然忍不住笑出了声。

生活太艰难了！

第二秒她又恢复了严厉的语气：“我告诉你，我可没有时间伺候它，这狗你得想办法处置。”

处置，这意思是要丢掉？！

我立刻扑过去双手抱住许老师的胳膊，不顾一切号啕大哭：“不要啊！！我可以——养它，别——别扔——”明明一直是小燕子性格的元气少女，没想到就这样平生第一次哭成了受刑时满地打滚的紫薇。

许老师不动声色地命令道："先回屋去学习。"

很不情愿地拖着一颗被生活折腾得千疮百孔的心开始一边抽噎一边写作业，还不忘跟个小特务似的监听着卧室外的一切声音，生怕许老师对我的狗做出什么不义之举。心里还想着，不就是买只狗，我怎么这么不容易。

模模糊糊只听到许老师好像一直在絮絮叨叨说着什么。正纳闷着，她推门进来了，一手像抱孩子一样抱着狗，柔声细语完全无视了我的存在。"这是你姐姐的房间，这是姐姐的琴，姐姐的床——你以后睡哪呢？我还得先给你做个垫子……"

5

我英勇的买狗事件至今仍然被我的同学们津津乐道着，他们说看我小时候的举动就知道我具有讲段子与创造段子的天赋——我的内心其实是拒绝的，凭什么人家的天赋是能歌善舞，到我这就成了讲段子，接地气至极。

我的狗跟我一样接地气，拒绝了我为她精挑细选的一系列中英文名字，却对许老师无意喊出的"仔仔"情有独钟，颠颠儿地整日跟在她脚后，完全忘记了是谁历尽千辛万苦受尽百般折磨才换来它的幸福生活。

当时我年纪小，买只狗都觉得在犯法，为了早点找到那个老奶奶就觉得是在进行生死时速，撒个谎都觉得自己像在藏匿逃犯。事到如今我仍然觉得那是我度过最惊险的下午，以至于后来发生的那么多大事在我心里都激不起太大的波澜，颇有曾经沧海难为水的沧桑感。

我没有注意到仔仔身材开始走样，渐渐长成了XXXL码；我不知道它是如何被爸妈溺爱，惯出了啃沙发咬鞋带讨零食一系列的毛病；我更不知道，从什么时候起它的优厚待遇导致我在家中地位不保。或者直白点说，我不敢相信自己和它都在不经意间不再是当初的样子了。

那么问题来了：我的鞋带到底是什么时候遭殃的？！

罢了！纠结感慨了一阵后我大度地想，自己带回来的狗，宠成祖宗也得受着。“妈妈，自从有了仔仔，我的性情已经改变很多了。”我盘腿坐在地板上，手背轻轻蹭着它四脚朝天露出的肚皮。“活泼开朗宽容大度，温柔有耐性，也不那么易怒——”自豪地感慨到一半，突然发现仔仔在兴致勃勃地咬我的裤腿。

“啊啊啊，我要打死你！”

“……说好的改变呢？”

文艺小孩儿请留步

楚问荆

我小时候是个想法特多，也很爱折腾的小朋友。

我发小陶点点也说，小学时我受到一个手工绘画类节目的影响，每个周末都要拽着她满大街地去找节目里提到的手工必备神器——乳白胶。而那时的我，也确实能将脑袋里装的那些奇思妙想一一物化，用简单常见的工具和材料，就能做出许多令人眼前一亮的手工品。

有次我在美术课上完成了一幅剪贴画。黑色卡纸的背景板上，是乳白色水性笔描画出来的树干，而树干上事先涂好的胶水，粘住了早已剪成小碎块的油画蓝卡纸。总的来看，就是一幅奇异静谧的树景图。

虽然这幅画很粗糙，充当树叶的油蓝碎片用手一扒拉就脱离胶水的束缚往下掉，但图中大树奇异的油蓝叶子还是成功地引起了我们美术老师的注意，她对这幅画爱不释手，一个劲儿地夸我心灵手巧。最后她说服了我们班主任，将这幅画裱好挂在了教室的后墙上，由此掀起了我们班剪贴画的热潮。

陶点点讲到这儿羡慕不已，说那时的我出尽了风头，简直是同学们眼中的“手工小达人”。当然了，背负着沉甸甸“手工小达人”称号的我当时所折腾的，还远远不止这些。

据陶点点的回忆，那时我下课的日常，就是在我们从河边捡来，表面平整光滑的鹅卵石上用彩笔描画出一个个逗趣的笑脸。办黑板报时粉笔的颜色太单一，我还会把原有的粉笔磨碎调和进行再加工，做成“整个年级只此一家”的彩色粉笔2.0版，因此我们班黑板报上的颜色永远是最多的。

还有什么树叶书签、蛋壳画、纸巾相框、南瓜灯，这些稀奇古怪却又富有生趣的东西充斥着她对童年的我的所有记忆。

我很惊讶她记得这么清楚，毕竟连小学毕业照都没有的我们，走在路上连小学同学的名字和脸都对不上号，她居然还记得这么多关于我的细枝末节的小事。但更令我惊讶的是，这些事情如果不被她提起，我自己都记不太清了，不禁感叹岁月真是神偷，它们把我的记忆一块一块偷走，我却毫无招架之力。

事后我还很得意地在想，手绘石头、树叶书签……这些事搁到现在也是可以被人称之为文艺的，原来我从小就是个文艺青年的胚子啊。

遗憾的是，随着年纪的增长和后来学业的加重，做这些事情的热忱，也在童真逝去之后不知所终。那个别人说“这不可能办到”，而“我偏要试试”的小孩，也与我渐行渐远了。

现在的我长大了，却再也不是那个文具店里，把存了好久的零花钱从钱包里小心地掏出来购买手工材料的小孩了。现在我有足够“折腾”的资金和机会，却再也找不回当时的倔强和热忱了。别人说：“这不可能，别白费力气了，”我想要出言反驳，说出口却是“那好吧”。这样的我在和发小回忆童年时很是惆怅，我好像丢失了一件东西，而这件东西对我来说弥足珍贵。

在我看来，文艺不是我听了多少首娓娓道来的民谣，住过多少家装修别致的青旅，看过多少部格调很高的电影，也不是单反里满满当当的旅游照片，朋友圈里几句文艺腔调的句子。

于我而言，文艺是永葆童年纯真的不忘初心，是现在的生活时而庸常，时而寡味粗糙，而我却抛开日复一日和周而复始，怀揣着自己的平凡，把生活折腾出不同的花样。就像小时候的那个爱折腾的自己，年纪虽小，却笃定地相信着，自己有点亮生活、改变世界的能力。

我的彩色童年

孟卓钺

曲离了口那琴弦还颤着，车离了雪那辙印还刻着，远去的童年岁月仍被记得，在印象中被涂上了七彩的颜色。

朝阳 · 笔迹 · 鹅黄

“妈妈，我写了一篇日记，读给你听啊？”幼小的我蹦跳着来到母亲面前，稚嫩的童音清脆悦耳，手里如视珍宝地举着一张纸，朝阳透过大玻璃窗穿进来，衬托得这张纸光亮、整洁。

母亲在忙，只是叫我读一下，我欢快地念起来：“今天……”

我读完，母亲赞同地点了点头，停下了手头的工作，“不错嘛，我看看。”

我低垂着头不太好意思地敛了敛那张纸说道："我不会写的字，都是用点儿代替的——"然后害羞地把纸递给了母亲。

谁知母亲看完，竟然捧腹大笑。原来那张纸上，只有几十个鹅黄色水笔点的点儿，鹅黄色是我最喜欢的颜色，颜色比较浅，看得出每一个点的力道都很大，似乎要把纸穿透，这是我认真点的点儿。母亲耐心地帮我改完，整张纸上才真的都是鹅黄色的字了。

后来，我开始努力学习写字，就再也没有那无知的鹅黄色点儿了。

暖阳·饼干·浅金

橱窗里的饼干，在烤炉中烘焙得异常诱人，暖暖的阳光映进来，显出浅浅的金色，泛出淡淡香味的光泽。

家人和这个橱窗的售货员比较熟络，亲密地聊起来。售货员阿姨把饼干放在展示柜上，告诉我："小乖，你可以尝尝哦。"

恭敬不如从命，何况我真的抵御不住饼干的诱惑，于是踮着脚够了一块儿吃，真好吃，再踮脚，又一块儿……

大人们聊得高兴，我也吃得忘乎所以了，不一会儿，盘子竟然空了。

"哎，饼干都去哪儿了？"好一会儿，售货员才发现这个严峻的问题，我拍了拍肚子笑着说："在这里呀！"

没办法，所有人都忍俊不禁，大笑了起来。家人离开后，妈妈又转回去往售货员的口袋里塞了些什么，像是些零钱。回到家，妈妈表情严肃地给我讲了一堆道理。

原来，“尝一尝”是可以的，却绝对不能都“尝遍”。浅金色，渗透着香味的饼干告诉我，绝对不能随意占别人便宜的。

夕阳·花坛·深红

小时候幼儿园放学很早，姥姥接了我就回家忙着做饭了。我常常在门口期盼着父母回家，坐在花坛边静静地吃着深红色的西瓜耐心地等。等了许久也看不到父母的身影，渐渐地靠着树干睡着了。等到妈妈把我叫醒，我胖嘟嘟的脸竟然布满了西瓜籽和深红色的西瓜汁，好不吓人。妈妈用手指轻轻地按了一下我的脸蛋，一颗西瓜籽竟然调皮地蹦起来，欢快地迎接妈妈回家。

就这样，等着等着，娇艳欲滴的花朵们簇拥的花坛边再也没有我幼小的身影，我常常依靠着的那棵大树也没有了踪影，我常常等待的地方成了一个拥挤的停车场。我，也长大了。

春天迈着轻快的脚步，一步步走来了，欢快的样子像童年的我。不知道哪里传来了阵阵的音乐声，一辆车迅速从眼前奔过，拨开路边仅有的几缕春草，以往的记忆戛然而止，收起嘴边还残留的笑意，该去写那些如山的作业了。

笨笨童年里的那条街

柒　仔

1

小时候我是一个没有多少存在感的小孩儿，总是一个人上学，回家，活在自己小小的安静的世界里。

记忆中自己是很笨拙的，学什么都比别人慢。常常因为一些简单的数学题折腾到深夜，一首最基本的练习曲都要花上个把月才能完整地演奏出来。甚至连抄板书也比别人慢半拍，只好回家后凭着记忆一点一点拼凑来不及写下的内容，有时会因为想不起某些细节而急得掉眼泪。

那时的我是个胆小又自卑的孩子，不懂得讨大人的欢心，也不懂得跟别的小孩相处。不太讨人喜欢，也不至于惹人嫌。一直是自己一个人，只有偶尔哪个圈子里临时缺了个玩伴，实在找不到人了才会被允许加入。

现在回想起那时的自己，嘴角会不自觉地上扬起浅浅的弧度，心里却有种说不出的痛。这一段不为人知的童年，被我小心地封存在心底，纵使蒙上了厚厚的尘埃，也难以忘记。

依稀记得，你是从二年级开始去少年宫学琴的。你总能第一时间掌握老师要求的曲目，然后在班上其他同学或惊讶或羡慕的注视下准确无误全情投入地拉奏出。

我们在同一个班，每个星期天我都能见到你，却一直没有勇气向你打招呼。即便是后来知道从少年宫回家有一条相同的路要走，我亦是如此。

直到有天，我抱着琴，一边踢着路边的小石子一边掉着眼泪，却听见身后有人叫我，待我转身时，你已经跑到了我身边，喘着气对我说："一起走吧。"

那天的对话我早已忘得差不多了，只记得后来你说，去我家吧，我们一起练习。

阳光透过枝叶，斑驳的影子照在我脸上还未干的泪痕。我在逆光中用力点头，微笑着说好。

那天，我正因为老师教的曲子练了一个月还没法上手而掉眼泪。

那天，我们一起走过了那条长长的街道，然后快到尽头时，头一回不是你向左拐，我向右拐。

那天，我沉寂的童年，因为你，多了几许跳动的音符。

2

后来每周和你一起去上课，下课后再去你家练琴便成了一种习惯。

有时候练完琴，我们会一起盘腿坐在你房间的木质地板上打电动，旁边是你妈妈为我们准备的点心和饮品。

某次疯狂按着手柄的时候，我突然转头看着你，莫名其妙地问道，为什么会和我这么笨的人做朋友。

你明显一愣，然后停下了手上的动作。屏幕上游戏画面里各色的光映在你的脸上，看不清表情。

“你一点儿都不笨呀！”片刻的沉默后，你郑重其事地说着，脸上的表情严肃而认真。

“那你会一直和我做朋友吗？”虽然听起来有点蠢，但我还是把一直困扰着自己的问题问了出来。

大概是一个人太久了，所以对于你这个难得的朋友，我分外看中。

“当然！”你不假思索地答道，温暖明媚的笑容，配合着干净好听的声线，把周围的空气都染成了带着暖意的亮色。

3

许是因为我们俩走得太近的缘故，班里渐渐有了些流言。

红色粉笔勾勒出一个不是很匀称的心形，两边各写着你和我的名字，歪歪扭扭的字迹，简单而暧昧，却是小孩子惯用的把戏。

某天上课前抵达教室看到黑板上的这个图画时，我心里没来由地一阵慌乱。背后传来的笑声和窃窃私语让我连回过头去看看的勇气都没有。

班里十几个人，不知道是谁的恶作剧。

我站在黑板面前，一瞬间仿佛又回到了那种孤立无援不被任何人任何小群体接受，只能自己一个人孤零零看着别人玩耍的境地。

明明是带着些许嘈杂的空间，我却觉得四周静谧得似乎能够感受到时间在身侧缓缓流动。

然后教室的门被拉开了，你在所有人的注视下背着小提琴走了进来，待看到黑板上的图画后，不紧不慢地走上前去，自然地拿起板擦将它们擦掉，然后回过身来，更自然地拉起我的手，头也不回地向门外走去。

一瞬间的寂静后，教室里涌出了如同潮水般的惊呼和起哄声，你在嘈杂的声响中微微挑了挑眉毛，轻轻地笑了。

“我们逃课吧。”

为了避开老师，我们绕了远路从楼层的另一侧离开了少年宫，一路奔跑着经过了每次上课时必经的街道，却拐了个弯进了另一条巷子。

风在耳边呼呼地吹着，两旁的风景飞快地掠过。也不知道跑了多久，最后实在累到不行了，就躺倒在公园的草坪上，一边喘气一边忍不住哈哈大笑。

那天的阳光很好，头顶是蓝天白云，背后是柔软的草地，连吹过的风，都是带着暖意的。

4

很多年后我依然会梦见多年前那个奔跑而过的周末。梦里有阳光、有蓝天，有斑驳的树影、有嫩绿的草地。

还有你。

只是梦醒了之后，那条我们曾经一起走过无数次的街道，已经寻不到你的身影了。

五年级的时候，因为父母工作的原因，你搬到了另一座城市生活。

起先我们还会经常通电话，诉说着彼此的近况。之后随着课业的繁重，联系便越发少了，只有节假日时才会彼此问候。

再后来，我渐渐有了几个新朋友，而你也在新的环境中结识了更多的人，我们的生活轨迹越来越趋于平行。

当初那个小心翼翼问着你会不会一直和我做朋友的小孩儿，已经慢慢长大，不再那么胆小怯懦了。

只是偶尔与身边的朋友谈笑时，我依然会想起你，想起你每次冲我笑时嘴角扬起的那道好看的弧度。

若不是因为遇到了你，现在的我，或许依然安静又自卑地活在自己小小的世界里。

谢谢你，温暖了我那笨拙又孤寂的童年时光。

修正少女武器进阶史

西　关

前几天在网上淘了一堆手账用品，为了凑单，随手加了一个修正带进购物车。等到用修正带的时候，才发现不对，那是个伪装者，它的真实身份是一种双面胶。想我一个精通修正武器进化史的少女，竟然被外表所误导，真的是奇耻大辱。

修正工具的使用取决于书写工具。小学三年级之前，都是用铅笔写字，所以大家都是用橡皮来修改。我一直觉得橡皮这种东西是具有魔性的，你明明亲眼看它掉在地上，可就是怎么都找不着。无奈之下只能求助同桌，好心的同桌拿出小刀切一小块给你。此乃同桌战斗友谊之必备良品。橡皮的形状多种多样的，有像糖果一样装在小盒子里的，也有制成口红那样旋转的，甚至还有电动的。我曾经买过一个口红款的，每次拿出来用的时候都要抑制住往嘴上涂的冲动。

后来开始练钢笔字，这时的工具有一个魔幻现实主义的名字。没错，就是魔笔。纯蓝钢笔水写出来的字，被白色的笔头轻轻一涂，就会变没。当然你如果买到的是劣质钢笔水或是劣质魔笔，会留下浅浅的粉红色。用魔笔涂过的地方自然不能用钢笔写字了，所以需要用圆珠笔写字。现在想想真的是好麻烦的程序，当时也没有人教，是怎么无师自通的呢。

在我刚刚练习钢笔字的时候，还短暂地使用过一段时间修正纸。就是那种分割成一块块的白色贴纸。哪里写错了，用贴纸一贴，再写字就好了。可是即使是白纸，深浅程度也是千差万别，所以修正纸就像是一块补丁嵌在那里，着实刺眼。加上我第一次使用的时候用的是亮面的，而不是磨砂的，新写上的字不容易干，总是被魔化，所以它很快就退出了我的历史舞台。

随着年级的增长，老师开始允许我们使用黑色中性笔写字。魔笔是不能用来消除中性笔的，所以修正液在同学中盛行。说实在的，修正液并不比修正纸好用。挤压到纸上需要等它干了才能写字，而且经常会出现涂抹不均匀的现象。一不小心蹭到了没干的修正液，很不容易洗掉。当时还有耸人听闻的谣言在流传——修正液会导致白血病。即使有那么多缺点，我还是坚持使用了很久。大概是因为修正液真的像一种武器吧。如果把修正纸看成是大刀长矛，那修正液就是火枪大炮。在那时候的我看来，那种挤压出水，不挤压不出水的笔头着实高科技啊！作为一个修正少女我总不能拿着“冷兵器”出战吧。修正液除了本职功能，还有兼职功能。本着缺点为优点的原则，洗不掉这一个特性使得修正液涂鸦校服成为一种风潮，白色的修正液在校服上涂鸦，无论怎么洗都洗不掉，历久弥新。东北有一种老式棉鞋叫“呢的帮”，款式很丑，着实保暖，应该可以称为东北UGG。有同学在鞋上也进行了涂鸦，莫名其妙的就在学校里火了起来。本来只穿Adidas的篮球队队长甚至也穿了一双。我们当时戏称这个鞋叫“尼特斯邦威”。可惜，我背着“少女”这个包袱，没有赶这波热潮。后来，涂鸦校服的事情玩得有点大，学校紧急加了一条校规，不得在校服上乱涂乱画。

修正液缺了涂鸦这一功能之后，就着实不能引起我的兴致了。因为出现了一种可以取而代之的修正带。修正带兼顾高科技和干得快的优点，因此深得我心。修正带自身也有优化，除了纯白的修正带，还有带图案的。做手账的时候，小小的错误，被可爱的图案覆盖，成为了一种别样的美。但是，万万没有想到文具界水太深，我竟然一时马虎，犯了一开始所说的错误。

我是一个不完美小孩儿，却是一个修正少女，这是我的武器进化史，和你的一样吗？

你其实可以不懂事

亦青舒

学校在三月算是个知名景区，樱花开得很盛，游客如织。春日傍晚的风已经微微有些暖意，深深吸一口气，整个胸腔里都灌满被夕阳烘焙过的草木香气。我披着线衫下楼买酸奶，视线被一团粉色的棉花糖吸引住。

是一个粉雕玉琢的小女孩儿，大眼睛，齐刘海儿，穿着小裙子和圆头皮鞋，手里举着一朵硕大的棉花糖，眼泪汪汪地看着身边的爸妈，指着小摊贩手里的熊状气球。

“妈妈买。”

旁边的那个女人穿得朴素干净，很气恼地瞪了小女儿一眼，拉着她的手就要走。旁边的爸爸小声地帮了个腔：“出来玩嘛，一点点小要求就满足一下吧。”

“小要求？她今天出门一路买了多少吃的玩的了？小孩子老提要求也不是什么好事，你不能老惯着她。”妈妈说着就蹲下来接过那朵棉花糖，对着小姑娘说：“你得懂事一点儿，都七岁了。”

我二十岁，站在旁边看着愁眉苦脸的小姑娘，觉得很好玩。

“七岁怎么了，儿童节都还能过五年呢。”爸爸小心翼翼地看了看妈妈的脸色，牵过了小朋友的手，走到小贩面前，选了一只棕熊气球，绑在小姑娘的双肩包上。

“你看，多显眼，现在人多也不怕你走丢了，远远地就能让妈妈找到你。”爸爸笑眯眯的样子和春天一样好看。“你这样她怎么能早点儿懂事哦。”妈妈嗔怪地说。

“爸爸在，要那么懂事干什么。”爸爸拍了拍胸脯。

我看着，忽然就想起我的小时候。

和软声哀求的小姑娘不一样，我小时候是个挺别扭的小朋友。尽管那种别扭在大人眼里，算是令人欣慰的懂事与成熟。我妈说她早些年带我去算过卦，算命先生对她讲，这个小孩子童岁的虚线短，早早就能懂事，也不为难爸妈。我妈说起这段的时候，总是一脸很信服的样子：“别的不说，这个倒是真的。”

没错，谁都夸我懂事早。别人家五六岁小孩放学以后忙着玩泥巴，疯跑，溜进深深的巷弄里捉迷藏，爸妈傍晚提着灯笼都找不到。我不会。院子里的小板凳上总坐着我，翻着连环画册和童话书，或者给我妈实况转播幼儿园的课堂进度。周末的时候我去学琴，看着邻居家的小朋友在沟渠边上玩得鼻尖冒汗，我忍着那点羡慕，坐在自行车后座上对着我爸的后背喊："我最喜欢罗老师，以后我的琴也要弹得和罗老师一样好。"

就算看不见我爸的脸，我也知道他笑得有多甜。双双下岗的爸妈一个礼拜花三百块让我去学三个小时琴，那还是在二〇〇四年。就算不知道当年江西的人均收入水准，我也能从我妈的殷切眼神里明白，自己真没理由去羡慕在江边玩泥巴的小孩子。

在旁边同龄人变着法子求爸妈满足心愿的年纪里，我早早就预知了什么样的要求是不该被提出的，比如太贵的换装芭比、新奇的文具以及各种各样的聚会和游戏。

我不哭闹，也不冷战，甚至不会在妈妈面前说起。我在小桌子上面认认真真地写完功课，等她从油烟熏天的厨房里走出来，给我一个温柔的、欣慰的笑容。我过早地了解到父母的艰辛，无师自通地学会了隐藏自己的心愿，读懂他人的目光，然后尽力去完成那些无声的期待。

七岁那年生日，我和妈妈去逛街，在商场里我看中了一条白色的百褶裙，换上之后也发现非常合适。但等到导购员告知价格的时候，我迅速地在妈妈眼里看到了那么一点点犹豫和不自在。

我望着镜子里穿着裙子的自己，那条百褶裙洁白柔软，裙身像一朵花苞。

但是下一秒我就很果断地把裙子换下来，放回导购员的手里，对妈妈说："我真的不太喜欢这个样子。"

我不知道妈妈有没有相信我，但她那天给我买了一支从没吃过的草莓甜筒，摸了摸我的头："真懂事。"

那是有点苦涩的补偿。

懂事这个词，几乎伴随我的整个童年。我用功念书，乖巧听话，面对种种诱惑闭上眼睛，都是因为我"懂事"，仿佛那是一种生来的本能。但我其实知道那不是什么本能，因为我也曾站在百货商场的橱窗前，静静地看着一条白色的百褶裙，想象着如果我任性地抓着不放手，是不是妈妈就会替我买下来；我也曾非常羡慕地在练琴的间隙里张望江边，想问那个鼻尖冒汗的男孩子，下次他们去打水仗的时候，能不能也顺便叫上我。

但是我隐藏自己的心声。

童年是大部分人的黄金岁月，我们被毫无保留的爱意包围着，也从不用面对责任和忧虑。父母像是遮天蔽日的保护伞，我们身处其下，不知风雨。而我，也许是因为那条短暂的"童岁虚线"，在风雨来的时候也想伸出手，去替爸爸妈妈遮一遮。年幼的我因此受到褒扬和赞美，它们贴在我身上变成固化的标签，时间一久，我自己也不知道如何撕下。于是即便家里条件慢慢好起来了，爸妈也从没真心想委屈我，但是我"懂事"这个习惯，却也没有怎么再改过。

它也不是没有坏处的，我自童年养成的别扭性格和回避性人格，让我在长大之后，陆陆续续吃了很多闷亏。我能读懂爸妈的期待，却看不清自己的心愿，在很多犹豫的瞬间，放弃了很多我喜欢的事情。我和朋友相处，那些期待和要求，总是没办法自然而然地表达。体谅别人是我的天赋，但是我不知道如何站在别人面前，坦诚地指着一个气球，说我喜欢它，请你买给我。

提出要求就像索取爱意，我没勇气直视对方的眼睛，怕我会看见那么一点点的犹豫和迟疑。

那些别扭的岁月里啊，我其实也很希望会有那么一次，爸爸妈妈能站出来对我说，你其实不用那么懂事的。

毕竟不必懂事，是童年的权利，是被爱的证明。

站在三月的晚风里，我伸出手，轻轻地摸了摸自己的头。

童年不堪回首之上学记

远　方

什么？！要我去上学？！不不不不！我誓死不同意！

别以为我小，我就不知道上学是什么。每天看着姐姐一大清早被人拎出被窝，可怜巴巴地背着四四方方的小包包，去一个被栏杆围着的小地方，里面还有拿着竹条会打人的坏人。我早就看透了这一切！这么惨！我才不要去嘞。

啊？有好多好多小朋友可以一起玩？

不行不行，里面虽然有小朋友可是没有蛐蛐、蟋蟀、蝴蝶可以抓呀！再说，我还有小梅呢！不要！

啊？如果我去学校，给我买好多好多超级好喝的饮料？

这，这，这……不太好吧。

于是，因为一瓶营养快线，我屁颠屁颠地背着四四方方的书包拉着邻居小梅的手开心地去了那个被叫作“学前班”的地方。

然而，当我到达那个被栏杆围着的小地方，坐在红色小板凳上，把书包放在绿色小课桌里时，我看到了那个板着脸、手里拿着长长的竹条的老师。一阵恐慌涌上心头。呜呜，我不要读书，我要回家！

“小梅，你看老师拿着竹条，好可怕啊！”我偷偷拉着小梅的手，悄悄说着话。然而，小梅却扭过头和后面的小朋友玩耍，根本没有听到我的话。

我看看那个绑着羊角辫的女孩，看看小梅和她开心地笑，委屈地撇撇嘴。

我把手伸进书包，宝贝似的把我的营养快线拿了出来，放在桌上最显眼的地方，拧开，心满意足地抿了一口，真好喝啊！

“小梅小梅，你要不要喝这个超级好喝的饮料？”我兴奋地叫着小梅，心想小梅一定会跟我玩的。

然而，事情总是会来个神转折。当我扭头叫小梅时，手肘不小心碰到桌上的营养快线。我还没来得及挑衅那个绑羊角辫的女孩儿，一回眸，就看到白色包装的营养快线瓶子在地上慢悠悠地打转，牛奶般的液体洒了一地。我怔怔地看着，“哇”的一声就哭了。

最后的最后，我哭着回了家，告诉爷爷“再也不要上学了”。

那年，我四岁。

因为年幼，我被允许再次与蛐蛐、蟋蟀、蝴蝶、泥巴团聚。然而，时间这个坏东西，总是背着我快速向前。在我还未玩够一切好玩儿的事物时，再次被要求去上学！而这一次，爷爷那严肃的脸，让我知道，事情很糟糕。我估计要踏上一条不归之路了。

可是，我怎么可能不反抗呢？

于是，在被送去和姐姐同学校的学前班时，我上演一场一哭二闹三拽爷爷裤子，死活不肯进班里。

爷爷刚开始很是耐心地哄着我："乖，拆拆（我小名），你看里面有好多小朋友呢。"

"你进去上课的话，你要什么零食爷爷都买给你。"

"爷爷一下课就来接你，好不好？"

然而，在经历了两年前营养快线洒了一地这种惨痛经历的我，怎么还会因为这些屈服呢？！

我死死地抱着爷爷大腿，像极了宁死不屈的战士。

爷爷是急性子的人，他待会还得去上班，于是大力地扯开我的手，"快点进去啊！是真的"！

"怎么会有你这样任性的孩子！"

"放开！阿公要去上班了！你真是气死阿公了！"

我更是委屈，哭得沙哑的声音喊着"不要"。

行人匆匆地望着我，带着嘲笑和鄙夷。我甚至听到有个家长对自己的小孩儿说："你看那个小朋友，真是不乖，你不要和那个小朋友玩哦。"

然而，只有六岁的我怎么懂得大人话里的含义呢，只是知道小梅搬家了不和我玩了，只是知道新的小朋友也不会和我玩，于是哭得更厉害，更是紧紧地抱着爷爷的腿，不让爷爷离开。

哄的、骂的什么方式都用过了还是不管用，爷爷气急了，干脆把我拖进班里，然后骑着老式的自行车，头也不回地走了。

我连忙追了出来，只看到转角处爷爷离开的身影，还有被门卫伯伯关上的小门。

我哭得撕心裂肺，却哭不回爷爷。

我想念家里，我想念蛐蛐蟋蟀，我想念泥巴石子，我想念小梅，我不要上学！

反上学是一个持久战。

于是，接下来的两个月，我几乎每天都是哭着不进班级。可是，爷爷每次转身离去的背影告诉我：由不得你！

上课时，万籁俱静的操场，独留我蹲在班级门口。老师并没有多管我，这也助长了我更不想上学的心。

一个人当然无聊至极，有时数着蚂蚁，有时掰着手指，偶尔竖起耳朵听着老师在讲着什么，偶尔跑到姐姐的班级和姐姐一起上课。每次，都是在快放学时才进班里，把要写的作业快速写好，然后等着爷爷来接我，继续想着下午怎样才不用上课。

由于两个月的持久不进班级上课的“光荣事迹”，我几乎被全校老师认识，有个叫“拆拆”的女孩儿怎样都不肯进班里学习。

那年，我六岁。

后来啊，我已经记不清我是因为什么结束这场反上学战。只是仍记得，蹲在班级外的那段日子，天空很蓝，风很轻柔，鸟儿的啼叫声很是悦耳。

现在啊，我十八岁了，在小城镇的重点高中的重点班和时间争分夺秒，只为将远方的灯点亮。

前些天，有亲戚来到家里，看着我笑着说：“你小时候还哭着怎样都不肯上学呢，现在竟然都高三了！好好努力啊！”

爷爷在一旁大笑着附和：“是啊！那时候可急死我了！”

我笑。哼，这真是我人生一大污点！可是啊，如果我能回到过去，我想抱抱那个倔强的自己，告诉她，虽然你最终还是屈服于上学并拜倒在文字的石榴裙下，但你那英勇抗争不畏艰险真的很勇敢、很厉害！

双生花会开

邹竞仪

我的童年和同龄的孩子比起来，可以说很幸福，因为我有一个一直陪伴我一起长大的人——我的双胞胎姐姐。当别的孩子还在发愁没有玩伴儿的时候，我和姐姐已经玩遍了所有的游戏。

小时候，我和姐姐最愿意玩的游戏就是捉迷藏。可能是我们太小的缘故，觉得家里的空间很大，任何一个地方都是我们最好的藏身之处。

姐姐从小就憨厚，我却是大人眼中的“人精”。当我藏起来的时候，姐姐总是认真地找我，楼上楼下，各个角落，一点儿都不马虎。可是轮到我找她的时候，我却是走马观花，没有耐心，找一圈找不到，我就去玩别的玩具去了。姐姐藏了很久，也不见我去找她，只好自己假装咳嗽，我循着咳嗽声找到她，她也如释重负，终于被我从角落里解救出来。妈妈因为这，批评了我好多次，可我就是改不了。记得有一次，我和姐姐在家玩捉迷藏的游戏，姐姐躲起来之后，我就坐在沙发上看电视。妈妈下班回来了，见我自己在屋里，就问我姐姐去哪了。我说："她藏起来了。"妈妈说："那你为什么不去找她？"我自作聪明地说："让她藏着呗，我看电视多舒服！"没想到，妈妈生气了，对我发了很大的火。姐姐听到了，自己从衣柜里爬出来。她的脸红红的，可能衣柜里的空气太闷，她头上都是汗，妈妈心疼地给姐姐擦汗，告诉姐姐再玩捉迷藏的游戏，发现妹妹找不到的话，就自己出来，别躲太长时间。当时，我抱着姐姐就哇哇大哭起来，我真后悔让姐姐在柜子里闷那么长时间，结果却是姐姐反过来安慰我。现在想起来，只大我一分钟的姐姐，却比我懂事很多啊！

可是姐姐也有和我一起"犯傻"的时候。

我家里有个小园子，姥爷每年春天的时候，就在园子的土里埋下很多种子，很快种子就发芽了，慢慢地长大、开花、结果……有一天，姐姐跟我说："妹妹，咱们把薯片和鱼条埋到土里，会结出很多的薯片和鱼条，多好啊，就不用妈妈给我们买了！"我一听，乐得跳起老高，姐姐真是太聪明了，居然能想出这么好的主意。于是，我和姐姐用小锹把土挖出一个个小坑儿，学着姥爷的样子，把薯片和鱼条放到坑里，再用土埋上。我提醒姐姐，姥爷好像每天都要给种子浇水，于是姐姐又拎了一小桶水，认认真真地给每个“种子”都浇上了水。第二天，我和姐姐迫不及待地跑到园子里去看，什么东西都没长出来，我急得大喊大叫，姐姐像个大人似的说：“妹妹，别着急，姥爷的种子也是几天才能发芽的。”好吧，只有等了。每天，我和姐姐都要去小园看几次，等着我们的“种子”发芽。终于，姐姐也沉不住气了，我们两个用小锹挖开了我们当时埋上的土，可是我们的薯片和鱼条已经黑黑的，软软的，没有了之前的样子，更想象不出这样的“种子”怎能结出好吃的东西来。我失望地大哭起来，姐姐受了我的传染，也跟着哭了起来。姥爷听到了，赶紧跑出来，听了我俩的哭诉后，笑得直不起腰来。

因有姐姐的陪伴，我的童年少了孤单。

被嘲笑的青春

被嘲笑的青春

阿　杜

1

我一直不大愿意回顾自己的青春岁月，那是一段黯淡而令人忧伤的日子。那时的我很高很胖，大家不约而同地叫我“大面包”，而最让我崩溃的是满脸的青春痘。

对着家里的穿衣镜，我总看见一个面容愁苦、无精打采的胖女孩儿，脸上最鲜明的是那一粒粒耀武扬威的“痘痘”，就算把头发放下来也遮不住。

一米七六的个头让我在一群女生中特别突兀，又因为胖，更显得高大。女孩儿们都不爱跟我玩，她们说：“我们其实一点儿都不矮，但跟你站一块，我们就是一群矮子了，你还那么胖，占空间。”她们排斥我，又因为我脸上遍地丛生的痘痘，叫我“烂脸疤”。

我拼命地想隐藏在人群中，弯着腰，耷拉着脑袋，不希望被人看见。

2

有一次，几个女孩儿在走廊聊天，我经过时，在那停顿了会儿，就这么一会儿工夫，其中一个女孩儿警觉地后退了一步，她指着我努努嘴，傲慢地说：“你什么意思？为什么你要站在我们旁边？显得你个高吗？大面包。”

女孩儿很漂亮，她瞪着我，满脸怒容。她的那群朋友，见她骂我，也围攻过来，你一言，她一语，数落我。我愣在当场，不明白自己做错了什么。

后来同桌告诉我，原来女孩儿是学校出了名的“袖珍美女”，长得很美，但个头娇小。她以为我是故意站她旁边，衬得她更矮小。

还有一次，几个男生围在一起比身高，争得面红耳赤。我以为他们要打起来了，就好言相劝：“其实你们几个都差不多高……”我的话还没说完，其中一个男生不屑地瞟了我一眼说：“我们高不高关你屁事？我们就爱吵，碍着你了？多管闲事。有这闲心，不如多想想自己的脸，你知道你那张脸看了让人想吐吗？”

3

我看了很多的书，只有沉浸在书中时，我的心才能安宁。书籍永远不会嘲笑我，更不会嫌弃我是丑女孩儿。

学校图书馆是我常去的地方。虽然那里的书不多，条件不好，但坐在图书馆的最角落里看书时，没有人会盯着我看，没有人会赶我出去。

只是有一次我借回《资治通鉴》在教室看时，语文老师看见了，她好奇地问我："你看得懂吗？""看不懂。"我如实说。"看不懂还看，装什么高深呀？"老师噘噘嘴说。她的话让我很难过，但我却不敢反驳。

4

各种各样的嘲笑充斥了我的青春，伴随我的成长，久了，反而让我渐渐习惯，甚至麻木。我知道自己很丑，又高又胖，但那又怎么样呢？书籍给了我勇气。看的书多了，我明白了一件事——我再丑，我也要走过这一生，我也要活出自己的精彩。

看的书多了，我还爱上了用文字表达情感，爱上了文字构建起来的世界，它让我找到了久违的自信。我尝试着写，写自己理想中的美好与温情，写一切可以让我赞美和感慨的大好河山，写旅途中陌生人的微笑面孔……

一种奇妙的感觉在我写作时瞬间在心里涌起，我凭什么要自卑呀？我有必要一直忧伤吗？有必要一直耿耿于怀那段被嘲笑的青春吗？它终究是过去了，而我早已通过努力蜕变成了一个高挑而温情的美丽女子。

有些事情做过就没有再做的勇气了

bottle

Chibi和小妹妹来宁波找我玩，晚上带她们去老外滩逛了一圈之后走回公交站的时候，在十字路口看见了一个身穿球衣，手抱篮球的少年。那块地方的夜不黑，路灯是柔和的昏黄色，不知道是不是因为灯光的缘故，少年的脸看起来棱角轻和。我和Chibi说："欸，好帅啊，我好久没看见过这么好看的人了。"Chibi和小妹妹也偷偷看了他一眼表示同意，从他身边走过去的时候我还偷偷比划了一下身高，这孩子至少得有一米七八高，我理想里那谁谁谁的身高标准啊……

走到了公交车站等车的时候我忍不住地一直重复着那句话，好久没看见那么好看的人了。Chibi表示很无奈，只能摊手说，要不你上去问问人家的联系方式？好吧，这么羞耻的意见我竟然毫不犹豫地就答应了，不过觉得一般人是不会把联系方式告诉别人的，于是我的打算是问他微博ID，先关注他，到时候再慢慢来。

然而有些事情错过了就再也没有机会了。

我回到了十字路口，他刚刚站的地方已经空无一人，我们这一生只有这短暂的一次擦肩路过。走回公交站的路上，脑子里不住地懊悔，那首名字叫作《有些事情现在不做我们就老了》的歌一直在脑海里盘旋……

倘若再往前两年，说不定在从他身边走过去的时候我会毫不犹豫地走上去对他说："不好意思打扰一下，请问你能把你的QQ号告诉我吗？"可是现在没法了，倒不是因为我老了，而是我那个"这辈子只为他主动"的念头还死死地扎在心底。我喜欢过一个人，是他让我变得勇敢，也是他花光了我的勇气。

我常常比喻遇到他的那天有场夕阳盛宴，现在想想，会是盛宴，大概是因为出席的嘉宾有一个他，白衣白裤的少年立于篮球筐下，夕阳把他的身影拉得老长。有时候你得相信一见钟情，以及一眼万年。我喜欢他，只是为了那一眼。

对啊，颜控就是这么容易一见钟情二见倾心。

从此走上了不知姓名的小跟班之路，反正在我不知道他姓名的时候我就已经喜欢他了，上课之前趴在窗边等他出现，下课之后站在转角等他身影，然后再默默地跟在他的身后。他连续一个星期在一家饭店吃饭，我连续一个星期在隔壁饭店吃同一种炒饭，只是因为那个位置能看见他的背影。

我不知道他名字，几乎天天看着他出现并跟在他后面，就这样过了大半年，他升高三，我才没忍住在一个晚自习下课的时候在转角等他。扶桑花开得很好看，我直到现在，没法忘记那天的扶桑花开和路灯的温柔，他从我身边走过，我心跳快得胸口发疼，伸出手拍了他的肩膀。对了，他好傻，我从左边拍的他，他头往右边转，我站到他面前对他说，“这边。”

他转过头来，啧，真好看，一张脸巴掌大，吃不胖的瘦子，弱不禁风跟个小女生似的。我问他的名字，有一个晓字，我问哪个晓，他说，春晓的晓。

春眠不觉晓，春眠哪觉晓啊，蠢的是我问完名字之后就没下文了，只是从喜欢一个不知道名字的人变成了喜欢一个有名字的人。那天9月14日，他穿着红色的短袖。过了两个月，11月22日，我又在晚自习第一节下课的时候拦住他问他QQ，那天他穿着深褐色外套，手上拿着一根蓝莓味阿尔卑斯棒棒糖，我第一次和他说很长的话，就是他教我背下他的QQ号码：522，93，4……那些和他有关的日子，我记了四五年了，习惯性地一说起来就可以指出在哪一天。

后来他有女朋友，分手，又有女朋友，对啦，长得帅就可以任性地有女朋友，而我只能喜欢着，也只是喜欢着，从来没变成我想变成的那个身份过。

前几天他说和女朋友分手了，谈了三年的这次，他说想跟她白头偕老，不想只是爱过，他说他不是怕没有女朋友，他是怕再也找不到让他深爱的人了……

下了车，夕阳在我的身后，依然美。我已经不喜欢他很久了，我时常这样想的，很久了，真的不喜欢他了，可是看见他的话我竟然还是哭了，想当着他的面打他一顿，我疼，真的疼……

他是第一个我主动走上前的男生，也只能是唯一的那一个，大概是觉得这样才对得起我喜欢了他那么久。

所以有些事情做过了，就没有再做的勇气了。

彩绘笔记本里的蝴蝶飞走了

阿　砂

我问十四岁时的自己：少女心最好的证明是什么？

那时的自己是个收藏癖，满抽屉是各种精美的彩绘笔记本，有森系的印花，有粉嫩色系的马卡龙，也有那种清新水彩的天与海，远处几抹可爱的白色线条是海鸥，扑面而来的异国海岸气息令人向往。

这些笔记本和学校统一发的那类带规矩方格却专写丑字的本子不同，它们由一颗软软的少女心认真挑选、珍藏，从未舍得落笔，留着那份希望被美丽故事充实的纯白，就像是那时的心情。

有时会在随手甩掉了枯燥的草稿纸后翻出它们来欣赏。每一张都是缤纷的彩绘：知更鸟和樱花树，一团火红的阿狸，唯美的星空……每翻一张，就像推开一扇窗，少女心偷偷从几何证明的城堡爬往另一个开花的世界。

于我而言，这些曾经让我心动的彩绘笔记就是少女心最好的证明了。

那年我刚上实验初中，对校园周边印象最深的除了站满穿夏季校服等候的学生们和果子奶茶屋外，就是最爱光临的一家格子文具铺。

那是在街角的店，且比它灯光更明亮，种类更齐全的文具店校门口就有两家，但我依旧最爱光临那里的缘由只是：那是桉树家开的。

桉树是我喜欢的少年。

习惯性地走进文具铺，我习惯性地在穿过五彩纸鹤穿成的风帘时捋左耳的短发，习惯性地假装专注地在挑笔芯，余光却在偷看：桉树常会坐在窗边的木书架旁翻阅卷了边的漫画书，是《兔子帮》还是《乌龙院》我已不记得了，那摆在窗台的小盆栽是风铃草还是仙人掌也印象模糊，只是他笑时，嘴角很浅的酒窝荡漾到我心里来，化为至今仍停留在回忆湖水面的细小旋涡。

付账时我思考的是，他看起来漫不经心，是否还记得上个下雨天，曾借过躲进文具铺避雨的我一把伞？

幸运的是，后来桉树总算能在流动的学生中认出了我。我纠结好看的笔记本时，他凑上来说："嘿，你们小女生都对这种可爱的东西没抵抗力吧？"

那时我选中的笔记本上绘着一只棕色的泰迪狗，有着和他一样的琥珀色眼睛。

对的，少女心对这样的眼睛完全没有抵抗力。

桉树渐渐与我熟稔，结账时他边跟我讲笑话边摆弄柜台上一架半旧的拍立得，然后又皱着眉抱怨什么他养的一只叫丹的狗被姑妈家抱养走啦，什么现在他多么多么想养一只猫啦。

他没养成猫，我却不知不觉买了许多关于猫的笔记本，萌宠本来就很少女心好不好，哪里和别的什么有关。

是否有关，年少的心总是后知后觉，直到某天我翻遍了所有心爱的收藏，我已拥有太多的美好，但为什么我的心还是那样不满足？我想收藏的世界上最珍贵的专属笔记本，彩绘描画的，应该是某个男孩儿温暖明亮的笑容……

这是个少女心孕育出的痴心而又执着的愿望，后来它经历了苦夏，经历了再也没有少年和伞的大雨，才懂得了释然。

那时桉树喜欢的女孩儿似乎叫茵，也是我们年级的女生，偶尔光临那间小小的文具铺。茵这样的女孩儿，就算是穿着和我们同样素淡的校服，她那柔顺长发上佩戴的靓丽的发饰也带有鲜亮的色彩，对留着普通短发的我而言，那样的色彩只存在于彩绘笔记本里，是怎么也沾不到身上来的。

当茵咬着奶茶吸管眉目流盼地挑选着笔时，漫画书就再也吸引不了少年的目光了。

后来文具店进了一批很讨女生喜欢的手工编制的铅笔

袋，很快卖断了货，桉树特意为茵留了一个，藏到很高的货架上去，他踮脚尖时头顶的纸箱意外砸落下来，额头受了伤，可眼底依旧是一片温柔的海，可惜这片温柔不属于我，所以躲在千纸鹤后面的我才会那样黯然神伤。

那段黯然伤神的日子里，好像不论是和果子奶茶屋还是其他各种饮料吧的留言墙上都泛滥着一句有点非主流伤感的话：friend里有个end，lover也免不了over，forever或许是ever，就连每个believe中，都藏着一个lie。喝着酸酸的青檬味奶茶，我有些悲观地想，好像任何事物和情感都不若表面上看起来的那般美好呢，更何况是那时悄悄藏在彩绘笔记本里的少女心事啊。

在笔记本一点点泛黄的时光里，毕业后我也很久都没有再回去过实验初中，如今的文具店里，带有韩流明星和各家爱豆元素的文具用品大受追捧，店门口的多肉盆栽架被TFBOYS的人牌替代。我戴着黑框眼镜和白色耳机做最普通的高中生，挑厚厚的硬皮笔记本为了抄写英语课的语法和化学课的方程式。

尘封于抽屉里的彩绘笔记本上的纯白云朵会泛黄，但我抬头能望见的天空永远湛蓝依旧，也许那些年的少女心早已化成蝴蝶飞走，但它们曾予以我的美丽记忆，像是那落下的点点星光，终回归了森林。

关于那个叫桉树的男孩儿，我没有什么暗恋日记，那琥珀色瞳仁的泰迪狗不会说话，那歪歪扭扭的淡蓝色圆珠笔墨迹写的是：

螃蟹在剥我的壳，笔记本在写我，
漫天的我落在枫叶上、雪花上，
而你在想我。

我喜欢你的这件事

林九九

隔壁的隔壁老王：

如今你可爱的小暗恋迷正顶着红血丝刚奋战完可怕的弱电解质电离，准备睡觉觉，却看见闹钟显示23：59。过一分钟就要跨年了呢！

从2014年到2017年，我压根儿就没觉得三年过去了。前几天林六六感慨着时间就像冲厕水“刷”一下就没了，她从初三想放孔明灯想到高三，一回神就从中考跨到高考了。可怕。

跨年的时刻，我突然想给你写一封信，不不不，准确来讲是给过去三年的我和你的一封信。

再过两个月就是我喜欢你的三周年纪念日了。

刚开始认识你的时候，就觉得这人是个神奇的生物。长得蛮帅，通身没有学霸气质，唯一能和学霸沾边的就是戴着黑框眼镜，但我觉得八成是玩游戏玩出来的。明明看起来吊儿郎当，成绩却总能让我等中等生鞭长莫及。

我对你的喜欢可能就是从好奇开始的吧。

那时我每天的必修就是假装听课，实则盯着你的侧脸发呆。刚开始的两周我们一句话也没讲过，直到后来到了能讲上话的交情，却也只是偶尔凑着同学一块儿聊天，或者有时你会回头问我些作业。那时候很喜欢很喜欢你的我，每天再正常不过的对话都能让我感受到小鹿乱撞的心跳，溢满心口的兴奋。在灯下一字一句写下少女的情怀，做着夜里笑醒的美梦。

但我最大的遗憾就是没能在那短短的几个月时间内和你混熟，从而导致了我们两年后的形同陌路。

高中分班我们两班之间隔了七个班，从走廊的一头走到另一头就累得够呛，偶尔从你班门口经过，那种想偷看又怕被发现的小女生心理，现在想想着实别扭得可爱。小女生心理持续了一年多，消失在某个午后，从那时起的很长一段时间我都是目不斜视、昂首挺胸从你班门口经过，再不看一眼可能在窗口的你。

因为那个下午啊，我终于知道你有了喜欢的女孩儿了。

我多么遗憾地看到我喜欢的男孩儿帮另一个女孩子打着伞，谈笑风生地从我身边经过，而我只是顶着本书在雨中不知所措。所以在看到《我的少女时代》中林真心在徐太宇和校花面前顶着书落荒而逃时，我鼻头一酸差点儿哭出声。你和她郎才女貌迅速赚足了大众单身狗羡慕嫉妒恨的眼球，而我自以为的骄傲却只化作怂极了的“眼不见为净”。但在你俩无时无刻无处不在的黄金狗粮面前，我的计划……永远赶不上变化。

而在某个傍晚，我从洗手池端出一盆水，从五楼的教学楼向下望，看见你俩手牵手打打闹闹，走下长阶梯，穿过榕树林，越过大拱门，一种无言的辛酸涌上心头。好像自己舍不得的东西却不受控制地越走越远，而我只能无奈地守在原地。在那时我感觉回到了初中毕业的最后一天，我故意拖到很晚和闺密跟在你后边一块儿回家。我们在一个路口分开，背向而驰，而我呆呆牵着闺密的手在红绿灯下看着你渐渐模糊的身影，担心我们从此分道扬镳。

你不会知道有一个喜欢你的女孩儿像个傻子一样吃着你一路撒下来的狗粮，直到你越过那道大拱门再也不见了。最后傲娇地一抬头，告诉自己好男孩儿多了去了，我又何必在一棵树上吊死，哼！然后雄赳赳、气昂昂像个战斗中的公鸡一样回了班，差点儿洒了自己满脚的水。

世界上有那么多的好男孩儿，可是我只喜欢你啊。

我重拾起我的喜欢，是在两个月后得知你俩分手后，我不是匹好马，又吃起了回头草。

前几天感慨时光飞逝，同时也惊觉我喜欢你的这两年多我还没和你讲过一句话。事实上为了和你搭讪，我想了多种办法，什么丢书啦，不小心摔倒啦，问路啦……很遗憾，直到现在我也只能想想这些奇奇怪怪的套路。

看一个形同陌路的人都要偷偷摸摸总怕被发现，找各种理由拉朋友经过你班门口的我怎么可能有勇气干这种事情啊？说着搭讪不是什么难事，平时咋咋呼呼背地里拍着胸口和闺密大放厥词，到了真正实施时，连看一眼都不敢。说着不喜欢了不喜欢了，在日记里信誓旦旦恨不得告诉全世界，到了那时候，还不是干着不撞南墙不回头的蠢事？

喜欢你可能就是这么怂的我在青春中做过最彻底的事吧。

《橘生淮南》中的洛枳为了让盛淮南记得自己，每篇考场作文都尽心尽力，只为被当作范文印在提纲上时，喜欢的那个人能知道自己的存在。只可惜盛淮南一次也没看过。这是我听过的最勇敢也是最悲催的暗恋。而我自认为最喜欢你的行为，大概就是把你的名字用大写字母设计成Logo，然后大大方方地写在我每本书的封面上，嚷着这是我的名字缩写。最初生涩僵硬的Logo，在浪费了无数张草稿纸后，终于能如行云流水般一气呵成。这个无处不在的Logo，就是我喜欢过你的痕迹啊。

现在因为高二分文理班你成了我隔壁的隔壁老王，于是我的日常就是上下学经过你班时迷糊地偷看一眼。做作业烦了蹦跶着从在走廊上吹风的你身边经过，看到男神就对着同桌大犯花痴换来一个充满恶意的白眼。同桌嘲笑我是不是90后空巢老人做久了，才会喜欢一个压根儿不熟的男生那么久。我只当她嫉妒我能经常欣赏男神而她的男神在外省，我就是喜欢啊，他长了一副我喜欢的模样，我喜欢的性格，我喜欢的习惯……我就是喜欢！哼！

同桌做了一个呕吐的表情：那么喜欢干吗不去告白！

……

我当然想啊，特别特别喜欢你的时候，心血来潮地想跑到你面前大声告诉你我的秘密……当然只是想想而已啦。表白墙风靡一时的时候，我把大一中的表白墙从头到尾翻了一遍，看到好几个给你的巨肉麻的表白，虽然可能是恶搞，但是在你的空窗期，你身边的确从来不缺漂亮的女孩子的。而我想着去告白的行动却怎么也实施不了，你那么优秀，有那么多女孩子喜欢，而这个又丑又蠢一点儿也不优秀的我怎么能和你站在一块呢，那样不是污染大众眼球嘛？

喜欢一个人就是要看着对方幸福。就算以后分道扬镳，就算你以后身边的人从来不是我，就算你不记得有这么一个我，我也会祝福你啊，在某个我触碰不到的地方，像小仙女一样，熠熠生辉。

“你是年少的喜欢，喜欢的少年是你。”这是从三年前就想着给你告白的话。想了那么久，终究只是摇着头叹气，任它消沉湮灭。

毕竟啊，我喜欢你的这件事，你再也不会知道了。

那些小兔不知道的小事

麦田田

我喜欢称他为小兔。

鱼的记忆只有七秒

心理学家说，只要假期的结尾精彩，在人的记忆里，三天假期或者七天假期都一样，没什么区别。某位浪漫科学家说，鱼的记忆只有七秒。情感专家姐姐说："啧啧，比人可怜的是鱼，都没有值得留念的东西。"我反驳她一点儿也不懂鱼的浪漫，就像她不懂我喜欢的小兔其实也是只有七秒记忆的鱼。小兔关于我的记忆也只有那短短几秒，在他更新说说时，更新微博时，更新博客时，那万条评论中默默点赞头像中的一个，可能他看不到或者刚好看到我的头像。四年，应该总有那几秒刚好看到我，我跟姐姐解释说："那么多人喜欢他，他对我有七秒的记忆就够了。"只要他知道有我这么个人默默在他背后支持他，哪怕他对我的记忆只有短短的几秒。

如果有一天，小兔打开我的记忆罐头，会发现罐头里装的不是回忆，而是一个可以容纳他的大海。

不管你曾有多少个七秒的记忆，悲伤、开心或者自恋，我选择包容这么一个只有七秒记忆的鱼。

孔雀是世界上最美的鸟

罗素说，孔雀是世界上最温顺的鸟，那是因为每一只孔雀都认为自己是最美的。

我自卑过，我曾花太多时间等过稿，花太多时间郁闷，却不能鼓起勇气写一篇只需花点时间就能完成的稿。等待时间成本过高，我仍旧认为自己写得很平庸，学心理的贞姐说我已经陷入一种"等死模式"的怪圈中。存在的心理问题并不会因为时间流逝就消失，它会一直存在，直到我鼓起勇气去解决它。

"我喜欢写东西，谁也不知道。"

第一年，小兔说："加油。"

"我没有动力了。"

第二年，小兔说："自信。"

第三年，第四年，小兔越来越臭美，骄傲得跟孔雀一样，越来越多的人喜欢小兔，微博私信都是自动回复。我开始尝试追着小兔的步伐，在我逼仄拥挤的青春里，曾有一个人跟我说："加油。"然后他自信地转身离开。

贞姐给我带来了小兔的亲笔签名那会儿，刚烧到39℃，愣是对着贞姐一把鼻涕一把眼泪一会儿哭一会儿傻笑。我永远记得贞姐来的那个下午，那个自卑结束的下午，那个马路喧闹、汽车鸣笛的下午，小兔的签名上写着加油，虽然事后知道是贞姐拿油性笔往上面涂的两个字，但记忆里我的内心确实被一股充实的感觉装得满满的。

小兔，我想跟你说，孔雀是世界上最美的鸟，因为它自己这样觉得。那我是不是也可以是只美丽的孔雀呢？你微博自动回复说："How do you always manage to look so ravishing? You are stunningly beautiful."

那些谁也不知道的小事

有人喜欢乌龟，虽然它爬得慢但却勤奋刻苦；有的人喜欢长颈鹿，因为它脖子长海拔高，是个傻大个。我喜欢小兔子，因为它蹦蹦跳跳，充满活力，就跟我喜欢的小兔性格一样。

小兔出了本书，越来越多的人喜欢他，有的人喜欢他几个月，有的人刚刚喜欢，昨天在咖啡屋躲雨的姑娘嘚瑟地跟我说："喜欢他701天。"我喝了一口卡布基诺认真数了数手指头，最后抬起头看着对面正准备拿着平板刷微博的小兔的粉丝说："怎么办？我好像才四年。"话一出口，对面的小姑娘立马飘来鄙视外加艳羡的眼光。我尴尬地抿着嘴笑转头看着窗外的滂沱大雨。

"你是怎么认识他的，怎么比我还久？"

我转过头，看着小姑娘眼睛里都要冒出小星星，轻描淡写地说："从你们还不认识他的时候……"

"爱的方式有千万种，唯能检验的只有时间。"

我喜欢写作，谁也不知道。

我喜欢小兔，谁也不知道。

时间知道就好。

我喜欢这世界

米　程

我有一种强迫症。朋友拜托我的事，我一旦应了，就会铆着劲儿把它完成。有时候，其实自己没那么大的能耐。我自己更不能接受的就是，自己会因为这事强迫症似的去麻烦别人。

许多人是不愿意麻烦别人以及被麻烦的。另外我也更明白全心全意等消息的煎熬与难受。握着个手机，一分钟内手机亮了三遍，明明已经设置了声音提醒却还是忍不住地按亮屏幕。

各种原因，支付宝没钱了。舍友驴要买衣服给她妈妈，准备过几天放假顺便带回去。时间掐得很紧，物流又不一定很准时。

但是天意弄人，经常手机不离手的朋友恰巧不在线，我一个小时里都坐立难安。

好不容易等到一个朋友回复了，却说也没钱了。

突然想到，我还有一个兼职工资未结，我赶忙语无伦次地发信息过去。但是预料中的了无音信，负责人此时还在忙。

天气越来越冷了，南方，特别是广东这边，似乎是从夏天直接过渡到冬天的，秋天极短，短到你没有记忆。

周末的大早上，我们还在被窝里。

“啪！”

我惊醒，心想，地板坏了！

我抬头，看见对床的驴也单手支起身子，目不转睛呆呆地看着地上的残骸，关宝宝已经飞一般地跳下床捡起它，正迅速地把两截的笔记本努力地进行“缝合”。

驴想，没救了。

所以，下午，突发奇想要买毛衣给妈妈的驴就只能找上我了，虽然关宝宝的银行卡开通了网银，但电脑坏了，她心情郁闷着。

微信里一直没有新消息，连平时很爱水群的人今天都不知跑哪儿撒野去了。干坐着等消息，被一种天下之大没一个人理我的落寞感包围。

后来，终于有人搭理我了，各路人马似乎不约而同地忽然冒泡。

驴正吃着打包回来的煮粉，热气腾腾，香气飘扬。我叫她过来选尺码，说着说着，她一句话把我噎死："还是不买了吧，留下钱给我自己买哑铃。"

我说："我真想一个砖头拍过去……"

"生活只给你残羹冷炙，那就煮壶热茶送下。"驴竟撂下这句她说了几百遍的话，脸不红心不跳地回到桌子前吃粉了。

"说你你不听，不要轻易揽下别人的事，特别是驴这种不靠谱的主儿。"姬妃拿着镜子，敷着面膜，淡淡地说。

我掩面而笑，看着驴张牙舞爪地走向姬妃。

生活还有这么多好玩的事，我转身也回到桌子前，就着背后的打闹声，继续看《呼兰河传》，刚好碰到很有趣的一章。

不知不觉看完整整两章，才发觉有些困，于是我就躺床上了。朋友圈被同班同学刷屏了。个个都在抱怨，周末时间被挤掉了，好久没过周末了，好想出去吃大餐，好想好好睡一觉。

反倒我有些另类，天天过得跟周末似的，也不知该哭还是该笑。其实是我一直没找着自己的方向，但还好也在不停地做些什么。这样才稍微安心了一点儿。

渐渐入睡。

被一个电话吵醒，是老妈的来电。

我握着手机，一步一步地爬下床，穿上拖鞋。

冷风仿佛预谋许久，猝不及防地向我席卷而来。身子一下子清醒了，打了个冷战。

异地他乡，老妈的电话，虽然依旧唠叨着那几句话，但却如鸡汤一般，温暖着我。

钻回被窝里。关宝宝无奈地说着她给修理店的老板打了九个电话。小英说，可能你的拨号被当作骚扰电话拦截了。我闭着眼睛安慰她，等老板来电话了，你叫上我，我跟你一起去拿。

我终于明白什么叫作自食恶果。寒风瑟瑟的晚上十点，我和关宝宝搓着手一路小跑去领电脑。还好电脑属于完璧归赵，途中只经历了一个五百块的过程。她非常非常重要的小说稿还在，一些营养师资料也没丢失。躁动了一天的她终于重回她安静的美少女形象了，嘀嘀嗒嗒地敲着键盘继续构建着她的另一个世界。

欣子终于换了个手机铃声，她每天的电话多，所以我们的耳朵很快适应了。

这个电话是她妈妈打的。

欣子的爸妈在广州开了一间小饭馆，像大多数人一样挣扎努力着，一大早开工，深夜才挤地铁回到出租房。也只有这时候才得空给欣子电话。

此刻深夜的心情，就像阴雨天气里一碗刚捞出配好料的面，暖了胃。因为身边的人，他们在背后给我们最有力的支撑，和我们一起奔跑。我真切地感受到我们有默契的幸福，很多的自由，并且我们有选择的权利。

说实话，我真的挺喜欢这世界的。

含羞草一样的女孩儿

含羞草一样的女孩儿

小苹果

含羞草，一种生活在阳光下特别害羞的植物，你轻轻一碰它，它便把叶子合上，对你表示反抗。可以说，除了阳光，它拒绝所有人、所有物的触碰。可以说它自卑吗？可是为什么自卑？明明如此好看——小小一颗，翠绿叶子，还有几朵毛茸茸紫红色的小花。而她，明明如此优秀，却为何自卑？

她是我们高一级的学霸，我初二、初三的同学。她不喜欢与人交往，沉默寡言吗？我跟她同班两年，俩人面对面谈话的次数五根手指头算得过来。刚开始是没机会，一个坐在“街头”，一个坐在“巷尾”。后来，坐得近了，发现跟她讲话她都对我爱理不理的，就不了了之了。

现在，每次升旗仪式，她都排在最尾处，仿佛与世隔绝。在这样的场合，每个学生都偷偷地小声说话。唯独她，低着头，沉浸在自己的世界里。

有一次，上她班借书，见她一个人在看书。像这样的下课时间，没有上厕所的人都是三三两两在聊天。当然，除了作业没有写好的。她几乎天天下课窝在教室里。我多想问问她，你不孤单吗？

放学回家，我很热情地跟她打招呼，她没有应我。或许应了，声音太小，我没有听见；或许点头了，幅度太小，我没有看见。我给她找了千千万万个理由，就是不相信她连关心她的人都不理。或许这不是自卑，是自闭了。

学校有拔河比赛，每个班都在兴奋中。无法参加的同学，当起了啦啦队。于是，什么标语啊，口号啊，让我们不亦乐乎。但是，在比赛快开始时，我看到她一个人骑自行车回家了。或许她有事吧，我在心里想。但是，初赛没有来，决赛也没有，就连校运会也没有看到她。

她在我心目中是一个“低头族”。上学路上，骑车是低着头；走路，低着头；上课，低着头；回答问题，低着头，而且声音真的非常小。我真的不希望她这样。生活在阳光下的含羞草，跟她一样的畏畏缩缩。我希望她像生活在阳光下的向日葵，对着阳光笑，对着人们笑。挺直腰杆，直面所有人。

跟她一样，我也有过自卑。但是，我们是不一样的，因为我不允许含羞草在我心里萌发，即使萌发了，我也会毫不留情铲除。

三年前，我初一。新班级，没有一个同学是认识的。班里，人数是单数的。恰好女生是单数的，所以，恰好我没有同桌，自己一个人坐，而且在最后一个座位。刚开始，一个人独来独往觉得没有什么。但，体育课时，别人都是三三两两，最差的还有同桌，我就一个人在那里，看着他们说说笑笑，实在受不了就溜去图书馆，不让人发现我是那个被撇下的人。

时间久了，认识到这个危机，我行动了，加入了他们。可能是脸皮比较厚，被拒绝了依然凑上去。

那个时候，学校军训，教官安排座位就是把站在一起的同学放在同一个宿舍。得知我们在同一个宿舍时，我好开心。但是，没几分钟我就哭了。我不小心听见她们说："她干吗跟我们站在一起？我都已经叫她走开了，真是厚脸皮！"听得出来，这个"她"是我，怪不得，我那个时候总是听见"你走开"，还以为叫别人，没想到是自己。原来，这就是我所认识的新朋友，那天回家特骄傲地对妈妈说的场面现在想想真讽刺。

我渐渐远离了她们。我有感觉到，我越来越孤独了，好像自卑也来了。会在做事情的时候突然想是不是自己太丑了？脾气不好，还是性格太烂？要不就是人品不好？想多了都是泪。

为了不让自己伤心，我远离那些热闹非凡的场面，开始自己的孤独之旅。

其实很多事情并没有我们想象得那么糟。有一天，某位同学向我问题。不知道在哪里看过一句话，某人向你请教问题，可以说，相比别人，他更信任你。通过这件事，我们成为了好朋友，也通过这件事，突然觉得，生活一片曙光。

现在的我，朋友不是很多，但是，真心的不少。觉得有事没事唠唠叨叨，打打闹闹，很充实，也很快乐。

很多时候，我们会因为别人的美貌而自卑；会因为别人是学霸而自己是学渣而难过；会因别人腿长而自己腿短而遮掉自己的优点，比如明明很瘦也不是太矮，就是不敢穿裙子。

含羞草，我喜欢，但是“可远观而不可亵玩焉”，会让人不能长久地喜欢。而向日葵，微笑着，乐观着，让人爱不释手，我反而更喜欢。其实，大部分的人也是一样的。

含羞草一样的女孩儿，希望你有一天能变成一株向日葵，无畏风雨，挺拔身姿，向着太阳微笑。

雏菊的春天

惟 念

高一开学的第一堂课，戴着眼镜的班主任笑容满面地走上讲台，让每个同学站上来介绍自己。十五六岁的少男少女们多是活泼闹腾的性格，有的人在介绍中加入了兴趣爱好，有的人大胆地唱了一段歌，有的人即兴表演了诗歌朗诵，还有的人是秀了流利的英语绕口令。

唯独L，那个坐在最后一排的女生，她还没开口脸就涨得通红，头一直低着不敢看大家。

整个教室里都安静了，大家都屏气凝神地期待着她的表现，可令我们失望的是，五分钟过去了，她还是保持那个姿势，一言不发。最后失去耐心的大家，开始拍桌子踢凳子，一副不耐烦的样子，无奈的班主任只好委婉地请她回到座位上。

从那天起，L的外号便被叫成书呆子，因为戴着黑框眼镜埋头用功的样子，真的无法不让人联想到古代那些一心只读圣贤书的人。奇怪的是L似乎一点儿也不介意这个称呼，没有人愿意跟她玩儿，也不会有人约她一起逛书店，很多时候我们都会忘了这个人的存在。老师们也很少叫她起来回答问题，因为一紧张就口吃的她，什么也表达不清。

L 的成绩属于中等水平，平时也没见她追哪个明星迷什么偶像剧，所以我们有任何活动时都会自动忽视她。直到那次校运会，体育委员拿着报名表围着班级转了好久，都没有找到人愿意报女子三千米，要知道这个距离可是绕操场跑七圈半。垂头丧气的体育委员趴在桌上，为不能圆满完成班主任的要求而失落不已，这时候L竟然起身走到她身边，拍拍她的肩说："让我来吧！"

那四个字太过掷地有声，以至于我们都不敢相信这是出自L之口。

到了比赛的那天，全班同学和班主任都站在赛道边为她加油，不起眼的她在前四圈都落在最后，但是到了第五圈，她开始慢慢赶超，二十个选手的队伍，穿着明黄色运动服的L像一道温暖的光线，唰唰地跃到最前面。

所有人都吃惊地张大了嘴巴，声嘶力竭地喊着她的名字，有的同学直接跑到了终点去迎她，大家都忘了她在教室里闷闷的样子，觉得她此刻意气风发的冲劲是与生俱来。

后来站到最高颁奖台上的L，拿起话筒发表获奖感言时，手还是止不住地颤抖，声音快颤抖成一条波浪线。可是这次，没有人再嘲笑她，她用自己的韧劲证明了，自己并不是一无是处。

也是从那次之后，我开始相信这个世界上，真的有许多像雏菊一样的姑娘，她们低调内敛不善言辞，可当她们决心展现自己的时候，一定是铆足了劲儿地灿烂绽放，就像亲爱的L一样。

热闹是别人的，我的心事只有自己知道

苏　遇

我来支教之前，室友一边拖着我的行李一边不忘跟我交代：到了那边一定要主动跟那里的老师们问好，没事儿多跟他们交流交流，别傻愣愣的，别人问一句你才知道答一句。

我说：你放心，我肯定是别人问一句我才答一句。

室友一副恨铁不成钢的模样，直到校车来了，她才欲语还休地目送我离开。

到了支教点，我果然身体力行说到做到，除了初次见面的问候，上完课回到办公室，我从未主动打开过话匣子。

当地学校的许老师常常邀请我们去他家吃肉，吃肉就少不了要喝酒。席间觥筹交错，你来我往，气氛很是热烈。而我维持着僵硬的微笑如坐针毡，我很想说点儿什么，却最终连敬酒词都讲得短促又蹩脚。

好不容易熬到饭局结束，我给大学室友打电话：“我觉得我会被这样的‘应酬’给逼疯！”

她说：拜托！你可是校辩论赛的最佳辩手，无论是平时几十人的课堂实践，还是底下有成百上千观众的演讲、讲课比赛，咱什么大场面没见过！区区一个饭局你倒尿了？

我说：“那不一样。”

无论辩论或是讲课，都是源自内心的热爱，而那些社交场合，与其说我不善言辞，不如说是懒于应付。周国平先生说：“我天生不宜交际，在多数场合我不是觉得对方乏味，就是害怕对方觉得我乏味。”

我的队友就觉得我是个很乏味的人。支教的地点是在T县的一个深山老林里，快递到不了，外卖没法叫，方圆几百里连家小卖部都没有。不过我在来之前就有足够的心理准备，但我的队友却是始料未及，他总在饭桌上长吁短叹真无聊啊，我说我没觉得无聊啊，他说因为你本身就是个无聊的人啊。

他大概是第一个当面说得这样直白的人，大多数人只会委婉地问我：“中文系的妹子性格都这么‘沉稳’吗？”

同来的队友中有一个是音乐专业的，有次他提到《野子》，我竟不知这是首歌。他用一种不可思议的眼神看着我说："时下这么流行的歌你都没听说过？你不觉得你的生活很无趣吗？"我当时真的很想质问他："你知道金陵十二钗都有谁吗？你知道三言二拍指什么吗？"轮到他哑口无言时我也不客气地回敬他一句："这些都不知道，你的人生不会很无趣吗？"

但由于我是个很㞞的人，面对他的奚落哪怕心里翻江倒海，表面上我也云淡风轻一笑而过。我想，伯牙即使没有遇到子期，他也断然不会和砍柴的樵夫探讨琴音。所以我也不必跟三观迥异的人作无谓的争辩。

我曾跟我朋友说："我从不觉得一个人就是孤独，在我看来，孤独是待在一个不属于自己的圈子，人们都在一起狂欢在开心地大笑，而你茫然无措，你不知道他们在笑什么，即使知道了也并不觉得有什么好笑。"

我不怕孤独，我的意思是，我从不惧怕一个人吃饭一个人去图书馆一个人去旅行，在别人都以为我形单影只的时候，我手捧着一杯清茶，案上摊开一本古籍，耳机里流淌着熟悉的旋律，这样的午后重复多少遍我都不会觉得无聊。

你不知道的是，内向者似乎不爱说话，可他想说的话都埋藏心里，流于笔端，只可惜你不是他的读者。

谁懂雨莲心

雨　莲

我记得我妈曾特别嫌弃地说过，你怎么这么不爱讲话，我都担心你再这样下去会不会得自闭症。

我也不知道自己为什么不爱跟别人交流，其实内心有很多自己的想法，却没有想要一一倾诉出来的愿望。小时候的我居然寂寞到自己跟自己讲话，这在外来人看来有些神经质，而我却乐在其中，完全沉浸在自己的世界里。

初中时我认识了一帮新同学，当她们一起聊得很嗨的时候，而我却在一旁默默地听而不语，有同学忍不住问我："欸，你怎么一句话也不说呀？"我只是不好意思地笑笑："我在听你们说呀！"那时我英语成绩比较突出，但老师见我性格内向，没有让我当学习委员，只是让我做个小组长，管好小组成员的背诵和听写。因为小组长这个身份，我才和班上某些男生有了更多接触，但到初中毕业还是有很多个男生三年都没有说过一句话。我清楚地记得初中的同学录上，班上大多数同学给我的留言说的第一句话就是：你是一个文静内向的女孩儿！

然而真正了解我的朋友却从来不会用内向来形容我，我会把自己的真实想法或者情感在她们面前很自然地表露出来。这样的朋友虽少却让我内心温暖。闺密是一个活泼开朗的女孩儿，我是她唯一值得信赖的倾诉伙伴。也许就是因为我的内向，不会把她告知我的小秘密传到别人的耳朵里。看她这么信赖我，我也自然而然地向她吐露我的心声。初中的我有她的相伴并不会觉得孤单。那时的我还有一个特殊的小伙伴，那就是咱伟大的小博同志啦，看了同龄人的故事我发现原来文字可以这么好地表达出内心的情感，从此对文字的热爱一发不可收拾。

初中老师要求写日记，很多同学觉得日记没什么好写的，每天跟记流水账一样，而我却有太多太多的话想要表达出来。几个跟我玩得好的同学都会借我的日记去欣赏我的“大作”。每次在试卷上写作文我就会刹不住车，字都写出方格外面去了。班主任评价我说，你呀，就是个内心情感丰富，外在羞于表达之人。

后来的我变得更开朗了，但还是少不了内向的成分。朋友对我的评价从“内向”变成了“慢热”或者是“低调”，这让我心里舒坦了不少。的确，在陌生人面前我不可能自来熟地聊很多，但是慢慢地接触多了，就会肆无忌惮地谈天说地。我要感谢我的朋友们，愿意用心倾听我的所有心事，让我做回了快乐的自己！

假装你不是我生命的过客

八　蟹

1

如何让别人容易记住你，名字特别可以算是一种方式。

二狗姓戚，他有一个很文化的本名，但他觉得那名字念起来太拗口，便让大家叫他二狗。久而久之，二狗这个外号就深入人心了。

我和二狗是在老乡群里认识的。我们考上同一所大学，在老乡群里二狗和其他老乡一样加了我，没有别的用意。

大概是八月中旬的时候吧，家里开始讨论我去上大学的事情。我一直坚持我的想法，那就是我不要家人的陪同。一来这样节省路费，二来我要尝试独立。

我的决定遭到一致的反对，家人说我必须有人陪着去。然后，我和二狗的相识也就是从这里拉开了序幕。

开门见山地问了二狗能不能一起走。最后达成共识，决定搭伴同行。

我想我和二狗都算是单纯的人。所以在聊了大半个月之后我坚信他不是坏人。而对于二狗，我妈是不放心的，我就让他把录取通知书拍下来发过来给我，他也不问为什么立马就发给了我。

我和二狗在厦门的机场见到了对方。

由于他给我发的照片都是他的自黑照，所以当我见到他本人时还是有点小感慨，原来长得还可以啊。

起初一直担心的尴尬并没有发生，却不可避免地客客气气。

开学的头几天没有事情，于是清晨拉着他一起逛逛校园。

和二狗相处没有压力，因为不担心彼此会喜欢上对方。在还未见面之前，我们已经把自己最丑的照片让对方目睹了一番。

从此兄弟相称。

二狗大约在九月中旬脱单了。女友是他相识了六年的比他低一届的学妹，同一个小区的。

他们之间的故事也是曲曲折折跌宕起伏，不过终于是在一起了。

女友也有个好听的名字，叫林木子。

木子心很大，在知道周围所有人都以为我和二狗是一对的情况下还是一点儿危机感也没有，她和二狗说："你就把墅墅放在你身边啊，这样别的女孩子就不会不识相地来追你了。"那时候正好有一个女生对二狗有意思。

我吃完晚饭想散步就让二狗陪我。然后一边走着一边默默地听他和木子聊电话。

二狗去宿舍上个厕所，把电话交给我，让我和木子说说话。我问她为什么对我没有危机感，她的回答很逗趣，她说你这么好看怎么会看上他。我也玩笑地回答她，他长成这样你还和他在一起，也是委屈你了。

2

中秋节的时候，老乡聚餐，二狗喝了很多酒，看起来醉了的样子，然后还一直抽烟。我特别讨厌男孩子抽烟，在他去卫生间时他把手机给我让我保管，正好木子打电话过来，我就接起来，有些气愤又无奈地和木子说了二狗一直在抽烟，让她管一管。女孩子在电话那头说管不来啦，她说帮我照顾一下戚二狗，一会儿送他回宿舍啊。

我感受到了异地恋的无能为力。

天南地北，一个拥抱都是奢侈。

作为朋友，再加上木子的嘱咐，饭局的末尾我一直待在二狗旁边，他要喝，我拦着。林梁学长在确定了我没有喝醉之后让我把二狗带走，因为当时一直有一个大四学长说非要和二狗喝几瓶。

在灯光已经暗掉的那片树林区，林梁学长非常认真地问我："墅墅你真的没有喜欢二狗？"

我知道他这样问是因为我对二狗的好太明显也太突出。然而他也知道二狗有女朋友了。

我看着他的眼睛说没有。他又确认了一遍才拍了拍我的肩膀说："就是希望你不要看不清自己的内心。"

我拽着二狗的衣服下楼，他笑着说我没醉，然后轻轻扯开我的手说我就上去和那个大四学长说几句话。说着转身就走。

我气得差点哭出来。

闹剧终于接近尾声。二狗秉着绅士的原则执意要送我回宿舍。他不知道的是在他送我回宿舍之后我悄悄地跟在他身后直到看他脚步不稳地走进他宿舍之后才放心地离开。

3

我一直觉得我和二狗的关系更像是亲人。我说我会依赖你，说有事都会找你。他说可以的，毕竟你是女生。

找不到人说话的时候，想要有人陪着去散步去吃饭的时候。

他也会在需要的时候找我。就像中秋节之前他买了情侣手表，要把女生的那一块快递过去给木子。就叫我出去陪他挑包装纸还有寄快递。寄完快递，又去了校外买我嚷嚷了好久想喝的奶茶。

一起逛体育场，冷的时候不会不好意思，而是直接说，二狗，我要外套。他就把外套脱下来，我就不客气地穿上。

在二狗还没有和木子在一起之前老乡群里几个玩得比较来的学长学姐总是想要撮合我和二狗。killor说："墅墅，你把二狗拿下吧，二狗是个好男生。"我说我们都不喜欢对方啊。killor说可以尝试在一起啊。

后来二狗有了女友，而女友还不是我的时候，就有人有点感慨地说，当时看你们那么好，一直以为你们会在一起啊。

4

当生活进入正轨，我和二狗的联系渐渐减少。我们都有了自己新的朋友和生活圈。

但我仍然固执，或者说是一厢情愿地认为，我们在对方的心里是有位置的。至少对我来说，在这个还是不太熟悉的校园里，二狗对我来说是非常重要的。

所以当我在和老乡的饭桌上听到killor说二狗和木子分手的时候，我一脸震惊。

killor说："你和二狗不是玩得很好吗？他没有和你说吗？"我说不出话来。

那个夜晚我静下心来开始思考我给自己带来的错觉。就像我一直觉得我对二狗是重要的，然而这件事我却是比别人还要晚知道。

我不得不承认，原来我没有自己想象中那么重要。

我们的关系，没有很亲密。

后来二狗告诉我，因为异地恋，双方都累了，自然而然就分开了。

他说得云淡风轻，我却觉得惋惜。

后来二狗和他们学院一个叫单薇的女生在一起了。他给我看过照片，匆匆一瞥让我没有多深的印象，大抵就是个漂亮女生吧。

5

时间是残酷的利器，检验事物的标杆，它不用任何语言就能让你不得不承认某些人某些情感早已淡化如同白水一般无味。

至于在这段混沌的故事中，有个问题的答案仍旧是个谜。

我到底有没有喜欢过二狗。

我记得在中秋节那次聚餐的尾声，戚二狗坐在我的左手边正在和木子聊微信，他低着头看着手机屏幕，而我侧着头看着他的脸。

那是我第一次认真地看他的样子。他眼睛的右下方有一颗小黑痣，巧的是，我的左眼睛下方，也有一颗小黑痣。

短暂的注视在那时却显得格外的漫长，我的耳朵隔绝了喧嚣，只听见心跳声，像秒针转动一样，嘀嗒，嘀嗒。

嗯……所以如果非要说出一个答案的话。

我想，我也许喜欢过他，就在那寂静的十几秒内。

我心里藏着一个无人知晓的宇宙

亦青舒

和喜欢的人分手的那一天，我一个人坐在空空荡荡的教室里，读他写给我的最后一封信。

“总觉得你还是没有那么喜欢我。”这句话砸进眼里的时候我本能地红了眼眶，攥紧了拳头才没让眼泪掉下来。

一千多个日日夜夜，写完整整三本厚厚的日记，反复描摹少年的每一件小事，能记住他说话做事的语气和神情——闭上眼睛，就能完整勾勒出他的侧面。

可是这样的一个人，对我说：“总觉得你还是没有那么喜欢我。”

这件事成为我很久的心结，直到后来我年满十八岁，终于在大学里看到别的情侣手牵手出现，才明白问题到底出现在哪里。

“你几乎什么都是对你自己说的吧。”我的室友陆小姐瞪着那双小鹿斑比一样的眼睛看着我，顺手就打开她和男朋友的聊天界面：早安、午安和晚安，每天不落；大事小事，一一分享。而且除了这些，他们一年要过三十几个纪念日，每一次纪念日，陆小姐都要在社交网络上发九宫格图片，配文甜腻。

我举手投降，诚恳地告诉陆小姐，就算杀掉我，这样的恋爱，我也谈不来。

是，内向这件事，就像一种困扰我多年的顽疾，反反复复地绑住我手脚，封住我的嘴巴，只留给我一双明亮的眼睛，和一颗敏感柔软的玻璃心。我能看见自己心里那么多情绪混合翻涌，宛如一杯冒着无数气泡的碳酸饮料，膨胀又膨胀，死死抵住喉咙口，却一个字也说不出来。

上课永远也不想举手发言，哪怕那个答案就在喉舌之间；读书分享会里永远一言不发，低头做着端正细小的记录笔记，默默对比着自己和别人的不同视角观点；认识新朋友的时候永远笨拙木讷，哪怕心里已经因为喜欢爆开了一朵粉色蘑菇云，嘴上依旧只能淡淡地说一句“你好”。

太多太多的时候我只能做一个克制隐忍的人，有十分的喜欢只肯说三分，剩下的七分只敢写在眼睛里，日记里，夹在数学课本的小纸条里，以及桌洞的草稿纸背面。配合这种心理顽疾，我还有一种生理顽疾，那就是一被抓到在公众面前袒露心声，脸就红成燎原之状。

所以我没办法做到很多事情，没办法在父亲节里对爸爸说我很感激他，也没办法对着暗恋很久的男孩子说一句完整的话，甚至也没有办法走上讲台，不红脸地做完一场课堂展示。即便是在网上被喜欢我文字的小朋友表白，我也没办法回应以相同的热情和亲切，只能笨拙地说一句谢谢。那些对于外向者来说轻而易举的事情，一到我这里，就变成打了死结的世纪难题，把我在别人眼里冻成一尊高冷少女的雕像。

这个学期我下定决心要寻一剂猛药来治愈这种顽疾，于是选修了学校的心理课程。可坐在教室里听着老师缓慢温柔地分析内向者和外向者的不同的那一刻，我才忽然明白，其实这样的一种顽疾，也是上帝馈赠的一枚礼物。

“外向者热衷探索外在世界，比如说哥伦布就必须坐在轮船上征服全球寻找他的印度；可内向者却更倾向于去探索内心世界，他们可能觉得社交耗时，旅途辛苦，唯有独处的时候，才能感知内心的平静和自我的力量。”我至今仍然记得老师嘴角的温柔笑意：“后者不必觉得难过，因为你们心里啊，藏着一整个宇宙。”

坐在那里，我慢慢想起一些事情来：高三的时候熬得很苦，也有过一边写日记一边落泪的时候，可是最后也到底是成功突围；社交场合里沉默不语格格不入的我，却也有世界上最好的人做朋友；虽然没办法假装成一个热情亲切的写手，却也有幸能写下文字，记录情绪，被别人用温柔的话语告知——“那些事情我也经历过，那些心情我也能懂”。2016年最好的年度礼物是编辑写给我的那句话：一直努力刷存在感但其实已经很棒的姑娘啊，请相信喜欢你的人，都真心。

我忽然就释怀了。

未来大概还有很多被内向围困的时分，还会继续在心里演没完没了的内心戏，和自我对峙，在黑洞里做苦苦挣扎，没办法露出八颗牙齿的微笑。但是这又有什么关系呢，我心里藏着那个无人知晓的宇宙，里面还有星云和银河，物质和天体，流星陨落的时候摩擦大气层也会发出明亮的光。一切都有其秩序和美，源源不断地，给予我未知的力量。

像沙砾一样活着

陈娅婷

自卑就好像透过一层黑色玻璃看世界。初入高中，在班级里最先呈燎原之势蔓延的不是少女杂志，也不是动漫球星，而是一面小小的镜子，小到下课刚好揣在自己的口袋里暗自垂影，小到上课刚好卡到挡住老师视线的一摞书的中间，表面上还煞有介事地点头“嗯”“啊”地佯装听讲。

这便是二八年华的初始，诗里面形容“豆蔻胭霞”，小说里面形容“明眸善睐，唇红齿白”。然而，上天并不愿意成全每一个人的好事，总有些人的青春期不仅灰头土脸，那些鲜艳的痘痘们就在他们脸庞上攻城略地且欢呼雀跃。

于是就连收藏一面镜子都会变得小心翼翼，流言蜚语猖狂的年纪，被涌上话题中心的都是那些好看的男生女生，他们时而如水莲花般不胜凉风的娇羞，时而抿嘴微笑似日光倾城，时而美得像幅泼墨画中的仙……然而更多的人，却是架着眼镜压塌了原本不高的鼻梁，难得买一双好看的新鞋还会不时被过路的同学印上几个大脚印。

校园话题就像一个大旋涡卷进了少男少女们的心思，然而路边旁观的那一大群人，连“被话题”的资格都没有，只能打此路过然后回家抱着书本开始题海战术。

这样的我们，多数时候，都是一个人抱着敏感且脆弱的内心，并不情愿地开始真正的旅程——成人礼。

绝大多数，生来便是沙砾，我们没有仲永那般典型，落得个泯然众人矣，因为本身便是众人之一。

然而，海洋之美美在宁静，星空之美美在静谧，山林之美美在绿荫，那么沙砾呢？现世中最不起眼的沙砾，可能沉在河底任水流冲击；可能一瞬陨落消失不见；可能睡在田里山间的路边不值一文……那是大自然最微不足道的东西啊，然而，有风，有月，有晴天，有白雪，这才是大自然。就算做不到独树一帜，做不到不可或缺，也要成为浩瀚宇宙里一枚小沙砾。

我就算再普通，全世界也只有我一个。

亲爱的，看那些被踩过脚下的沙，是我们走过的路。

因为走过自己的前半生，才有信念可以让未来的自己变得和预想中不一样。

就算是沙砾，也要做沙砾界的钻石。

纪念日里的留声机很好看

纪念日里的留声机很好看

杨欣妍

一直以来，我都想做个独立的女孩子，赚钱买自己喜欢的东西和书，赚钱在自己喜欢的男生前面抢先付钱，理直气壮地对他说："你不能随便为我花钱，但我可以给你花钱，因为我的钱是自己赚的。"

而我会突然想到那么多，只是因为中午和同学路过了那家叫纪念日的店，经不住诱惑，在里面逛了很久，发现了那么多心仪的东西。不管是表情奇怪的哆啦A梦、猫头鹰、糖果色的小盒子、水晶球，还是小熊圣诞发卡，都令我垂涎，特别是我看到一个小柜台上摆着很多个小盒子，里面装着模样老旧的模型，照相机、相册、打字机、留声机……仿佛时光一下子被隔了很远，那朵留声机上的喇叭到现在还盛开在我心里。

我摸摸口袋里的二十五元钱，若是买下那台留声机后大概就所剩无几了。最后看了很多遍，还是只买了一个圣诞发卡给自己，上面火红色的绒球很耀眼，在冬天里让我有暖洋洋的感觉。

时光就像回到了小时候，我看着饰品店里特别喜欢的镶钻挂坠很久，最后被大我四岁的姐姐买走了。那时候妈妈说，等你那么大了才能买。可是当我终于等到了那一天，也没有得到自己想要的东西。

其实小时候我没那么节省的，不知道从什么时候起，我连买一本自己中意很久的书都有种钝刀割肉的感觉。同学说，这个钱啊，该省的时候要省，不该省的时候一分都不能省。我点点头，遇到喜欢的东西时，还是会不舍地离开。那我存下的钱呢？我告诉自己，那是留给一定要用的时候才能花的。

我想其实我是在为小时候做准备。

妈妈，我不知道为什么，想起这些时总是忍不住想怪你，也总是忍不住想哭，这十几年的记忆在我心中像是一朵黑色的向日葵，张扬却不明亮。撇开那些莫名的争吵，也许有更多你不明白的我的难过。你总说你了解我，可我只想问问你，你明白那些时候我为什么哭吗？那些故事和心情，你真的都知道吗？

我的小学同学大多家境比较优越，低年级的时候，很多同学就都有了自己的零花钱，我也想要，但妈妈总是说该买的都给我买了，我不需要。家里的存钱罐里有爸爸时不时放进去的硬币。二年级那一年，我第一次在心里计划了好久，终于数了十个一角钱出来，藏在口袋里，在放学的时候买了一大张犬夜叉的贴画。

那时候奶奶每天放学接我和同年级的堂哥，我拿着贴画一路被奶奶说着浪费。你回家之后说："你怎么不经过大人同意就自己买了？给哥哥几张。"

我默默地点头，其实心里是完全的不舍。

哥哥像个小大人那样不屑地说："这些小儿科的东西，我才不要呢。"

你立刻说："你看人家多懂事。"

我的眼泪一下就盈满了眼眶，低着头，好不容易才把眼泪生生忍了回去。因为你和奶奶轮番的责备，贴画也不像不久前那么宝贝了。

那时候我就发誓，以后要赚钱买自己喜欢的东西，哪怕小到只要一元钱。

三年级的时候，奶奶不接哥哥了，我和一个顺路的女孩儿一起走。有一天她递给我一根可乐味的棒棒糖，酸酸甜甜的，特别好吃。她说是用她妈妈给她的零花钱买的，她还说："明天我们一起去买吧。"

那是我第二次拿家里的零钱，我努力想用这种可笑的方式显得我和别人一样。可是第二天买到棒棒糖后，我竟然没有机会吃。小时候你是不准我吃糖的，我趁着写完作业休息的空隙躲在杂物间吃，听见你上楼的声音，我赶紧把刚吃了几口的糖装进保鲜袋扔进浇花用的铁壶里，“铛”的一声。听到声音的你飞快地跑完了剩下的几级阶梯，找到了铁壶里的棒棒糖。你问我从哪弄的，我红着脸支支吾吾地骗你说是那个女生送给我的。你把糖扔掉，说第二天要打电话问那个女生的妈妈有没有这回事。

妈妈，你知道那时候我的眼泪里其实不是害怕，而是怕自己丢了尊严吗？

五年级的时候，我去了小饭桌，和同学一起把一百块钱换开了，在炎热的夏天买了一杯苹果味的刨冰。小饭桌的老师在你下班接我的时候告了状，那是我小学生涯中最难堪的一天。

你骂了我一路，到家后翻出了我藏在书壳夹缝里剩下的钱，砸倒了一把笨重的板凳，把大哭的我赶出了家门。我无助地站在门口抽泣，邻居正巧开门，问我怎么了，我不说话，只是把脸转过去默默地哭，我不想在别人眼中变得像小丑一样奇怪。

对，是我的错，我不该偷偷花钱，但如果那次你原谅了我，我一定不会记得当时的自己有多么难过。

初中时我印象最深刻的事，仍旧和钱有一点儿关系。那是初二那年，我偷偷写了一个小本子的散文被你发现了，你不顾我的祈求把它撕得粉碎，我愣愣地看着你，已经忘记了眼泪流了多少，那次你声嘶力竭地问我：“你写这些无病呻吟的东西有什么用？你赚到稿费了吗？你的稿费在哪呢?”

你的话触及了我的伤口，我望着你，半天才说：“我喜欢写，为什么一定要有稿费呢？”

妈妈，那天我咬着牙想，总有一天我会赚到属于自己的钱，买属于自己的本子和笔。那样你就不能随意地撕掉我的心血了吧。那时的我没想到，一两年后的自己也能靠心心念念的文字赚到几张粉色的纸币，收在口袋里。

之后的我，突然不再对自己那么大方了。也许是初三毕业的时候赚到了第一笔稿费，我突然发现钱真的来之不易，我开始学会只把那些喜欢潜藏在心里。

妈妈，这样的我再也不会因为钱的事情让你伤心了吧，可是为什么，有时候我又很心疼小时候的自己，明明那么想要的东西，却总是得不到。妈妈，前段时间我买了一本夏七夕的《绝世风光》，里面的一篇文章我印象很深。夏七夕说，看到那个南瓜马车的项链时，她毫不犹豫地买了下来，这几年来，她挤公交的次数一只手都能数过来，她不想亏待自己。我很羡慕她。

可以轻松得到自己喜欢的东西，大概是所有女孩子的梦想吧。妈妈，也许你也不例外。我想终会有一天，我可以不像个守财奴那样把钱留给小时候的自己，和自己和解，也和过去的你和解，毫不犹豫地买下自己特别喜欢的东西，还有，你特别想要的东西。

我想，也许这一天不会遥远。

若小寒的致富路

若宇寒

我上小学时，人送外号陈老板。想知道这个名字的由来吗？姑且听我慢慢道来。

追溯到我人生中挣的第一笔钱，应该是在七岁。没错，当时正在上二年级的我每天放学后都会去我家附近的一个工地捞金。别的伙伴都在玩单腿抓人、五步一回头或是跳皮筋，而我却独自来到工地，在那里捡废弃的钢筋。运气好的话一天可以捡三四根，一根可以在收破烂的爷爷那里卖到一块到两块钱，这笔收入对于当时年仅七岁的我来说，确实不菲。那时候的我总用这笔钱买各种各样的小零食，可把周围的小伙伴馋得不轻。

到了三年级的时候，因为搬家的缘故，新家附近没有工地，可是对于馋嘴的我来说，没有买零食的钱是万万不行的，于是，我找到了新的发家致富之路——捡瓶子。新家附近饭店很多，每次放学回家吃完饭，我就拿着一个大袋子出去捡饮料瓶，当时一角钱一个，捡三十个也能换取三块钱。在捡饮料瓶的途中我发现了一个新的致富路，那时候金龙泉以及燕京的啤酒瓶盖上通常都会有一角或是两角钱，而那些吃饭的大人很多不会注意到，都随手把瓶盖扔在地上，所以每天我大约能捡到六七十个瓶盖。于是慢慢地我就以捡瓶盖为主，捡瓶子为辅。

到了六年级的时候，捡瓶盖的小伙伴越来越多，也就是意味着抢饭碗的人越来越多，我还经常看见小伙伴之间为了一个瓶盖大打出手。于是，我决定默默退出瓶盖界，另谋出路。

那时候，我小学毕业，妈妈也非常时髦地买了一个豆浆机。于是，我灵机一动，卖豆浆。

我当时都被自己的聪明才智给吓到了，于是暑假的第二天我就借来了外公的三轮车，每天把打好的豆浆放在量杯里，加糖，冰冻，傍晚的时候喊上表妹，推上三轮车，在那些饭馆的附近停好。起初买的人并不多，于是，我灵机一动，去超市买了一个托盘，放上一杯一杯冰冻好的豆浆拿到那些正在吃饭的人们那里，很乖巧地说："叔叔阿姨，要不要豆浆，五角钱一杯，很便宜的。"很多大人都碍于情面会买上一杯或几杯，做了几天生意，觉得只卖豆浆不够，于是我就让妈妈教我熬绿豆汤，让爸爸做酸梅汤，因为干净卫生，饮品种类齐全，而且外加自己乖巧可爱，结果生意出奇的好。

偷偷告诉你，那一个暑假，小小的我可是攒够了自己初一一年的书本费呢。

初中的时候，渐渐有了学习压力，没有太多的精力去挣钱，可是作为一个小财迷，不赚钱心里就痒痒。于是，我又想到了新的赚钱方法。

那时候，教室在五楼，小卖部在另一栋的一楼，课间却只有十分钟，很多同学总是在纠结要不要下楼买吃的。结果第二天我就背着鼓鼓的书包进了教室，正式宣布“若小寒的零食铺”开业，别人的抽屉里塞得满满的都是书，而我，塞的全是零食：魔法士方便面、辣条、薯片、锅巴、棒棒糖……价格和小卖部的一模一样，又不用下楼跑那么远，于是，很多同学就经常会来我这里买吃的了。我每天中午都会骑着自己那辆拉风的山地车去附近的食品城里进货，久而久之，连那里的老板都认识我了，经常会给我多送几包。

那段时间，我每个月赚个三百块钱是没有任何问题的，可惜的是，初二的时候，成绩下滑，班主任找来家长谈话，把原因归咎在我“不务正业”，精力放在了不该放的地方，于是“若小寒的零食铺”就无情地夭折在了那个叫作分数的大坏蛋手中。

高一时，我走读。每天都可以回家吃饭，或是在校外买好吃的。住过校的朋友都知道，学校的食堂可以说是难以下咽，于是，早上给同学带早饭就成了我的小兼职，牛肉面、炸酱面、豆腐面、热干面、酱香饼、汤包、豆皮……我能满足你任何的需求，而且也非常清楚哪一家最好吃，只不过每份早餐要收取五角钱的跑腿费。为了这五角钱，我真是拼了老命。因为早上有门卫守着，不能带早饭进学校，于是我就背着我大大的耐克双肩包，把没有汤的直接塞进包里，有汤的拎在手里，用外套搭在胳臂上。这样，每天赚的跑腿费也够我吃一顿丰盛的早餐。

高二时，我就开始了自己的打工生活。因为在高二的时候选择了学艺术，文化课就稍稍放松了一点儿。那时候，我经常以出去上播音小课为由翘掉晚自习，实际上是去一家桌游吧做兼职。高三时，我在武汉培训以及艺考闲暇之余在一家名叫Dream City的奶茶店里做店员。我的那篇《何以时光陌》中出现的Sunshine也是以Dream City为原型的。高考结束，我在五星级酒店做了一个多月门童，在电脑城里卖了一个多月的电脑，两个多月的努力也为自己换来了人生中的第一台笔记本电脑。

接下来就要说到你们比较感兴趣的大学期间了。我大一的时候在商务咖啡厅煮过咖啡，认识了几个金发碧眼的外国友人；在电影院里上过班，不花钱地看过不少大片；

在哈根达斯做过兼职，见识到了很多没钱还要装阔的奇葩男……大二的时候就开始慢慢地从事与自己专业有关的工作了，做过商业片配音，带过艺考生，教过幼儿园的小朋友讲普通话……现在除了上课之外，会接一些商演主持以及婚礼司仪的活动，当然还在写稿。

我写这篇文章的目的并不是为了鼓励大家都在学生时代去挣钱，我只想说，每个人都有自己的生活，都有自己的梦想，也都可以选择如何去活。因为我是艺术生的缘故，我身边最不缺的就是富二代，是的，我很羡慕他们总是可以买最新的电子产品，可以随时去国外旅游，没有任何的金钱压力。但是我知道，他们凭借父母能做到的事情，家境普通的我凭借自己的努力亦可以做到。

因为，一个人最重要的是知道自己想要的是什么，然后，为之奋斗。

找准目标，勇往直前。通过自己的努力，过自己想要的生活。

我们之间，隔着一层橱窗的距离

夏小正

我相信每个初生的牛犊不但不畏虎，还都很自恋。他们也许会羡慕某某得到了一辆酷炫的遥控汽车，但是，羡慕的只是有小汽车玩这一物件，而非某某。他们深深地专注着自己的生活，觉得自己牛哄哄亮闪闪，直到遇见“现实”。

给大家讲个开胃的故事。在我高三水深火热迷途不知返的时候，接待了一个朋友的朋友，她是我关于钱这个概念的启蒙老师。她一个人跑到我所在的城市上大学，那是一个不知道有没有一米五的非常矮小的姑娘，本身的气质非常不符合暴发户。她手持一个横向滑盖的诺基亚，当年的旗舰款，不知道比iPhone可爱多少倍。彼时的我，没什么自己可支配的资金，欲望也就没有充盈起来。我专注在高考这个对手身上呢。

军训刚结束，她让我带她去商场的专柜添置一些护肤品。于是我就领着她去了我从没买过东西的心目中最高端的商场。导购随便忽悠几句这个晒后修复特别好，那个买满几百可以送小样和公仔，她就出手了，根本没有货比三家和踌躇犹豫。七百块大洋，这是什么概念呢，那个时候我还没单独花过一百块钱呢。所以七百块被用在两三瓶瓶瓶罐罐上我反而无知无觉，这并不是当时我能认知的境界。无聊的我在明亮的落地镜旁观摩了一下自己的脸，她刚才说我皮肤好，我心里本能一乐可也不知道什么叫好，好有什么用。现在知道了，为了皮肤这个好，她要花小一千了。

至此，我怎么看这位姑娘，都觉得她是冤大头。略无羡慕意。

直到某天晚上我还在网上闲晃，不愿意做数学题也没到时间去睡觉。我又鬼使神差地检阅了一遍我琳琅满目的QQ好友和他们七嘴八舌的QQ签名。鼠标滑到了一个小学同学Y上面，奇怪，她的签名是“北京好冷啊！”我也被冷一个激灵，就快高考了，她跑去北京干什么！我们都快上刑场了你怎么越狱了呢，小Y？我赶紧问她。

“我在北京读预科呀，准备去加国留学嘛。”

在我费了两秒反应加国是加拿大的时候，仿佛顷刻间，我闻到了太平洋彼岸吹过来的咸咸的海风。

高考过后的暑假我去找多年不见的小Y。小学的时候是一起住大院跳皮筋的小伙伴，但很多地方也能窥见彼此不一样的路。她初中不上补习班直接请的家教，靓丽的家教老师一到我就灰溜溜地从她家里跑掉了。接待日本交换生一年后到日本游玩居住在对方家里。她向我展示过寄到日本的平信需要专门的五块钱的那种邮票。这时候再去见她果然已经搬到门禁森严的高档住宅区。当然这也是更顺理成章的事，就像小学读完了读初中。

年轻的门卫询问我的时候，我随口交代同学快出国了，我赶紧来见见她请问××栋怎么走。门卫很敏感，从高大的保安座椅上扭转过头，“自费出国的吧，家里当官的？要不就是做生意的！”一瞬间让我有了自己是朱元璋以前的乞丐兄弟，现在朱元璋登上了大雄宝殿让我来蹭蹭好处的感觉。

多年不见的Y同学连气质都高贵了好些，有种慢条斯理的大家闺秀气。她向我展示护照签证和因出国在即置办的各种东西。此时，我心里已经完全不像对当初那个一掷千金的姑娘那般无动于衷了，满心都是羡慕。如果有可以灵魂互换的药，我是很乐意抛下自己的一切吞下去的。小Y简直是我梦想生活的标本，此后我买的笔记本和手机，全都和她的一样。微信朋友圈里，只有她的图片我会仔细研究，连她的穿衣风格都十分欣赏。其他人的说说都像是山寨村里的笑话一股子土气，只有她的，简直是时尚杂志的模板，在我眼里。

我形容不出这种酸楚的情绪从何而来，也许是意识到了自己条件和能力完全支撑不了自己想要过的生活，而某些人却唾手可得。这群幸运儿的生活只隔着一层薄薄的橱窗玻璃就可以观摩到，趴在上面的我呀，口水都快流出来了呢。

有钱没钱，都是好时光

夕里雪

她说：“建建，那些面包都过期了，你不能吃。”

没有人会相信，我和竹第一次吵架，会因为几个面包。在那之前，我们都是一起打排球，一起吃午饭，一起分享复习资料，甚至一起上厕所的。

那天午休的时候我饿狼般冲到自习室，找挂在椅子上的零食袋子，却惊讶地发现里面的四五个面包全部消失了。我还没来得及惊声尖叫，便被身后一个漫不经心的声音抢了白。竹一边拿湿巾擦手一边说：“建建，那些面包都过期了，你不能吃。你可真是粗心，我看见赶紧帮你都扔了。”

我回头，看见她身上全新的艾格白色荷叶边衬衫，一股无名火顶上脑袋，我恶狠狠地回敬了她一句“要你管”，气冲冲地跑出了自习室。

我又何尝不知道那些面包是过期的？那段时间我迷上了宋词，为了买一套《全宋词》，我跑回家向爸爸要钱。爸爸问我：“考试考这些吗？我说不考，但是有用。”爸爸反问我：“考试都不考的东西有什么用？随随便便一百多块钱，家里哪有那么多闲钱，别买了。”说完挥一挥手继续做家务，完全懒得听我的辩解。

我气鼓鼓地从家里一路跑到了书店。看着书架上结绳装订的那几本书，暗暗下了决心：我一定要靠自己买下它。

那个时候我每个星期只有五十块钱的伙食费，为了那几本书，我没有老老实实充饭卡，而是跑到超市买了一大堆特价的快过期的面包。我的想法很简单：面包里不过是面粉和油，过期了又怎么样？我们家的花生油和面粉在柜子里一放就是几个月，也没见谁吃了会死掉。

被竹发现这个秘密的时候，我已经吃了一个多星期的面包。可是因为她的一时兴起，我连过期面包都吃不上了。那天中午我没有吃午饭，一个人躲在围墙下生闷气。

竹是我们学校校长的女儿。十四岁就已经长到一米七五的她，经常穿着当季新款的裙子在校园里跑来跑去，就连体育课打排球时穿的都是Nike的新款。我靠在围墙下回忆她那件漂亮的白色衬衫，那一件衣服，搞定我心心念念的《全宋词》完全绰绰有余。可是她可以挽起袖子满不在乎地穿着新衬衫打排球，我却没办法轻而易举地捧回我心底的梦想。

一堆酸楚的泡泡从心底咕嘟咕嘟冒出来。一整天，我没有再和她说话。

第二天中午，我正在为又要花钱买午饭心疼得抓心挠肝时，竹拎着一个大塑料袋蹭到了我的座位。她把那一堆她妈妈买的韩国进口巧克力派挂在我椅子上，她说："建建，你有事应该告诉我，我可以帮你。"

我在桌子底下狠狠地踩了我那个嘴大的同桌一脚。我看着竹一本正经地像个小大人似的表情觉得很好笑，可是不知道为什么，我更想哭。

她说："建建没事，我弄坏的东西，我赔你。"

初二的时候，竹的爸爸去香港出差给她带回了我们全校的第一个MP3，我们俩经常一人一个耳机听周杰伦林俊杰孙燕姿张惠妹。那时的我开始有了奖学金，瞒着父母攒下了一点儿私房钱，为自己偷偷买播放器做准备。可是不管我怎么攒钱，永远比竹慢两拍，等到我高二买下国产的大屏MP4时，她已经有了一个风靡国外的iPad。

那天竹跑来问我借MP4，因为我下载了一部很好看的新电影。我顺手给了她，没想到这会是我最后一次完整地看见自己的宝贝。

当她把一堆零件捧到我面前的时候，那一刻的我，艰难地沉默着。没有人知道这个小东西是我用攒了很久的零用钱和稿费换来的，我不想轻易被人看出我的穷酸，但还是怕自己一开口就会哭出来。

竹拍了拍我的肩膀，带着几分满不在乎的口气说："建建没事，我弄坏的东西，我赔你。"她并非随口一说，第二天就把她妈妈给的八百块购物卡放在了我面前。

可是我没有接，把卡往她手里一塞，用同样满不在乎的语气说："几百块钱的东西而已，我都用了半年了，你赔什么赔。"

我承认，那一刻我很虚伪。我的MP4远不值八百块，那张购物卡里除了愧疚还包含着好心，可是我只想用拒绝来挽回自己可怜的一点儿尊严。

习惯了每天听着音乐跑步的我，那天放学后一个人站在操场上，没有了耳边的节奏，一切突然变得空落落的。我抬头仰望着沉静的天空，突然明白：并不是竹一直在和我较劲，而是我一直在和自己较劲。我一直在害怕，每次站在她身边的时候，会因为她的光鲜亮丽而显得自己阴影重重。

她说："建建，我好嫉妒你，没钱也这么任性。"

上大一的时候爸爸做生意被骗了钱，只给了我半年的生活费。我拼死拼活地做兼职、争取奖学金，终于攒够了钱在暑假的时候买了去西藏的火车票。听闻我要入藏，远在天津的竹心急火燎地打来电话，苦口婆心地说了一大堆嘱咐，临了突然降低了音调：“建建，我好嫉妒你，没钱也这么任性。”我哼了一声：“大姐，我嫉妒了你那么多年，风水轮流转，怎么算也都该轮到你嫉妒嫉妒我了。”

她呼了一口气接着说：“建建，这几年我知道你特别不容易，你比我厉害多了。人生最美好的回忆，都是最痛苦的经历。”我说你少给我拽文艺，你当我不知道你是背的柴静那本《看见》里的台词。

用沉默消化了一会儿尴尬之后，她说：“建建，你看，就算你当年对我的家庭嫉妒得咬牙切齿，我们还是一直在一起，一步一步地长大了。”

原来，你什么都记得

潇湘子

“妈，给我买个电子琴吧。”路过超市卖儿童玩具的货架，我看着贴着大红色特价纸片的电子琴跟我妈说。

这差不多成了个习惯。

小时候家里很穷，爸爸在一家钢厂上班，每个月挣五百块钱。爷爷退休在家，是个固执的老头，退休金都拿到银行存死期。妈妈在家照顾我和爷爷，把土豆白菜炒出了花样。为贴补家用，妈妈决定到附近的一个小作坊上班，包饺子，也不需要什么特别的条件，按包的多少算钱。我不同意，拼命拦着。因为实在不愿意吃爷爷做的饭，总是有一股煳味儿。就像以前每次妈妈回姥姥家爷爷给我做的那样。那味道真难吃。我背过身不理妈妈，觉得不说话她就没机会说服我。

“妈上班了能给你买好看的衣服，毛绒玩具，带锁的笔记本……”我毫无所动，头都没转。“妈拿上班第一个月的工资给你买架电子琴。”没错我就是这么没出息，她说完这个我就妥协了，才第二回合。

我一直想要一架电子琴。可能是邻居婶婶一来我家就轻拍着我的手说看这孩子的手长，长大肯定是个弹钢琴的料儿，说得多了，我也开始对此深信不疑。知道买钢琴遥不可及，所以买一架电子琴成了那时候最大的梦想。可是知道说了我妈也不会同意，就从来没说过。可是她居然知道，还以此诱惑我。太卑鄙了。

从那天起我就开始天天吃带着煳味儿的烙饼、米饭、炒白菜、炒土豆。可是就算是觉得难吃也没有一丁点儿的不乐意。我甚至骄傲地觉得那就是梦想的力量。当我意识到还有不久我就可以拥有一架电子琴的时候，我真的觉得我的梦想就要实现了。有时候叼着馒头想起来，都忍不住站起来在屋子里跑几圈，蹦几下。那股激动劲儿简直都要溢出来了。我甚至想到，以后老师再问我我的梦想是什么，我就不用说科学家而可以说钢琴家了。

妈妈开工资那天回家很早，我放学的时候她已经在做饭了。我一进门她就迫不及待地跟我说，她买了羊肉，买了火锅料，买了金针菇、豆腐、油麦菜。她用勺子搅着锅边哼着歌儿，我真的很久没见她这么开心过了。

这是小家庭穷日子里的快乐。我说妈再给我盛碗肉。抬头跟她眼神相碰的时候想说点儿什么，可是她刚好扭过头给我爷夹菜了。我心想三百四十块，能买好多斤羊肉了吧。电子琴又不能吃。然后什么都没说。

多年以后我仍对当年这件事耿耿于怀。尤其是高中音乐老师问班上有多少人会乐器看见班上差不多一半儿的人举手的时候。本来我也可以举的，可以举得很高。

我现在也说不清那种感觉，可能是权利被剥夺，情感被侵犯，梦想被打碎。我记得上完那节音乐课的周末，我在茶几上看见外面发的超市特价传单。封面右下角是架电子琴，右上角的字像砸上去的“惊爆价：228元”。当时妈妈在厨房炒我最爱吃的松仁玉米。我走过去，拿着传单说：“妈，你看。现在电子琴都这么便宜了。你还记得吗，我七岁那年，我不让你去上班。你答应我，上班第一个月给我买架电子琴。开工资那天晚上你买了羊肉回来，我都吃撑了。可是你一直都没提电子琴的事儿。我想你当时答应给我买的时候可能只是敷衍我，所以什么都没说。当时觉得挺贵的呢，可是你看，它才二百二十八。”

妈妈突然咳嗽起来，好像被油烟呛到了，絮絮叨叨断断续续地说那在当时来说太贵了，而且家里也没地方放，有钱还要给我爷买降血压的药。我说你快把抽油烟机打开，你看你，眼泪都呛出来了。

那天的松子玉米炒得有点儿糊，像极了当年爷爷炒的白菜豆腐的味道。我一直低着头扒拉饭没怎么说话，其实我现在一点儿都不想要电子琴了。可突然觉得委屈从胃里往上蹿，都到嗓子眼儿了。也许只是想听妈妈为她当年的不守承诺道个歉。也许是对七岁的时候，一个单纯美好的梦想的悼念。

打那以后，几乎每次看到电子琴我都会说这么一句。不管是图片还是实物，不管是电视上还是超市里。

“妈，你还没给我买电子琴呢，七岁的时候你就答应我了。”

说的次数多了她有点儿烦，有时候会甩出一句你烦不烦啊，老说有意思么。

我挺委屈的。明明当年是你失信于我，明明我是受害者。毕竟，那曾经是一个梦想啊。你知道我现在多想再重新找一个梦想吗？妈妈不应该都是善解人意的吗？

每次她吼完我，我下次都会说得更带劲儿。

“妈，你不是说给我买架电子琴么。”讨债似的。

那次吃完晚饭和我爸去楼下新开不久的超市溜达，居然在二楼看见一架电子琴。我一副受伤的样子对我爸说：“爸你看，我七岁的时候我妈就答应我给我买一架电子琴，现在我都二十多了还没买。我不是多想要，主要是，她骗我。”我以为他会说爸给你买爸给你买。可是他居然没有说。以前他最爱说了。

“你妈那天去看电子琴了。发工资那天。后来觉得有点儿贵，还是没买。当时好多地方要用钱，电费水费煤气费有线电视费，还得给你爷买药。”

"你妈那天回来跟我念叨这事儿，她说她一直没看你，怕看见你失望的样子。"

"那天她一直哼着歌儿。"

"后来你跟她说再要一碗肉，她看你笑那么开心才放了心。"

"她以为你没当真呢。"

"她说等搬家了，给你买架钢琴，摆客厅里。不会弹没关系，咱看着心里舒坦。"

我在我爸零散的叙述里流了眼泪，像个没出息的孩子。钢琴，那玩意儿太贵了，我才不稀罕。

照我妈现在这工资水平，不吃不喝也要攒一年吧。

原来她什么都记得。就像记得我爱吃什么菜，爱穿什么颜色的衣服，爱枕什么芯儿的枕头，爱做什么样的梦一样。

谢谢你，在过去的无数白天和黑夜里，记得我的欢喜。

阳光下的种子

写不出稿子的时候，我在想什么

四　喜

又到了灵感枯竭的阵痛期。

我整日整日地把自己关在房间里。坐在书桌前。把稿纸揉成一团、两团、三团。喝一杯白开水。半夜起来上厕所，顺便对着镜子涂了个口红。穿着白色睡衣跑下楼去买面包和牛奶。停在面包店外望着橱窗出神，镜子里这个形容枯槁的女孩儿是谁？

脑子始终乱糟糟的，又亢奋得恐怖。一百个声音在叫嚣。

也许我应该再喝一杯水。哦，对！我需要让自己保持神清气爽。冰箱里还剩几个苹果？不是，我现在并不想吃苹果。

这些巧克力是什么时候放进冰箱的？我怎么一点儿都不记得了。过期了吗？过期了我也不一定要扔掉。我为什么要扔掉，我可以假装没开过冰箱。除了团团（与我同居的一条狗）没人看过我开冰箱。而狗是不能吃巧克力的，这点需要谨记。

我的耳机呢？不在包包里。不在抽屉里。不在枕头下面。你知道，我在写东西的时候是不听音乐的。我需要专注。百分之一百的专注。但我需要和我的耳机待在一块儿。没有耳机我会疯掉的。于是我开始找我的耳机，我必须要找到我的耳机。看不到我的耳机我的心悬在半空下不来，那样我没办法开始写作。

够了。

我为什么要把自己搞得蓬头垢面魂不守舍跟个疯子似的。我失恋了吗？我为什么不出去玩？我为什么不抱着个冰镇西瓜歪在沙发上看电视？我为什么不去找我的朋友一起走上街头晃荡？我浪费了大把的时间等待灵感降临，我还不如去街角的报亭买刮刮乐呢！关键还是我的耳机，没有耳机我什么也做不了。

等我终于找到了耳机，书桌被我翻得太乱了，像一个废墟，要把我吞没。一团一团的稿纸。杂志、书、本子、笔、杯子、硬币、酸奶盒、香蕉皮。插在啤酒瓶里快要枯萎的花。吃了一半的面包。包包扔在地上。一只人字拖在桌子旁边。另一只不知芳踪何在。

真是见鬼。我发现自己根本不想谈恋爱，不想看电视，不想唱歌。我对于这个世界正在发生的一切心不在焉。我只关心我脑子里的那些怪东西，它们太吵了，360度无死角的震耳欲聋。拜托安静一点儿，让我听到你们在说什么。别着急。慢慢来。让我们都耐心一点点。我哪里都不去，随时摘下耳朵为你聆听。我绝不会离开你，除非是出门买咖啡。我早就身陷其中，我无计可施。

我当然知道人字拖是一种每时每刻都需要同类陪伴的“动物”，否则它们会自暴自弃，永远躲在暗无天日的沙发底下。或者躺在垃圾房里一堆糜烂的果蔬中。

但我不能去找另一只人字拖。我得先收拾我的书桌，它已经露出了绝望的表情。好像因为觉得自己无药可救，已经准备尽情堕落了。我得阻止它。我要让事情有条不紊地进行，形成一种内在秩序，只有这样才能写出思路清晰的文章。但我怕等一下收拾完书桌后我忘了去找人字拖，这种事情常常发生。被冷落的滋味可不好受。我可以用便利贴写下来提醒自己。可是我的便利贴呢？哦，老天。

天黑了，屏幕上还是只有一行标题。团团跑过来蹭了蹭我的脚踝，摇了摇尾巴，靠着墙角百无聊赖看着我。不知道什么时候睡着了。

我放在键盘上的一双手，都快枯萎了。

会哭的孩子有糖吃，会笑的孩子美滋滋

bottle

“为什么你总是能开开心心的呢？”

“因为我傻啊。”

“……”

我初中的时候学习成绩算中上，偶尔上前几，按照那会儿的排名来说，我只有超常发挥才能考上一中。但是那一年我的中考成绩四平八稳，一如既往在年段20名之外。意外的是一中的录取分数因为招生的人数不足降低了几分，再加上部分偏科的同学会考成绩没有达到A级被刷了下来，于是会考成绩全A的我，由于降分以两分之多考进了一中。

高三毕业的那个暑假，某一个下着小雨的傍晚，心血来潮地跑到了我家对面中学的山上去看雾，下山的时候在山脚碰到了一个人。现在回忆起来好像有点模糊了，只记得被拖进了旁边的草堆里，脸上被揍了一拳，眼镜不知道掉到了哪里，雨丝落在脸上黏腻腻的，不敢睁眼，能感觉得到他的舌头舔过我的眼睑，他说你张嘴，我帮你把嘴巴里的血清理干净。

我说："你现在走，我保证在你离开之后的五分钟再睁眼，不看你往哪边走；我要是出事，我保证去死，那么你肯定也不会好过。"

不知道是他有心无胆还是真的信了我会去死这个事情，我的钱和手机他都没拿，直接走了。虽然后来有段时间就算在白天我也不敢一个人出门，等到敢一个人走了的时候只要对面走过来一个男的我就会害怕，但是除了那一拳，我没有受到实质性的伤害，现在夜黑风高我也能一个人瞎蹦跶！

大学的时候喜欢上了文子轩，奉为男神。喜欢上他的第一个月，碰上他第一个线下活动，见到了他本人，超级温柔的小哥哥啊，又在之后的线下见过他两次，比起那些喜欢了他一两年的人而言，我简直是更幸运。

直到三年后的现在，他都还记得我第一次见他的时候送他的小本子，第二次见他的时候送他的相册。

我——别人家的粉丝。

有学妹会问我说，面试的时候要注意什么？我都不知道怎么回答。

大四实习的工作是第一次面试就过了的，在太平鸟电子商务有限公司的视觉部实习修图师，我们组的组长人超级好，分任务的时候考虑到我还得做毕业设计，总是少分点给我，而每回绩效谈话我们都能变成谈心，甚至他说让我把毕设拿到公司，毕竟我们视觉部平面组的设计师有经验；二月排三月任务的时候，组长就提前打预防针说可能要加挺多的班，但是那个三月，他给了我一个月的假去做毕设。

修图组的姐姐们人也都很好很可爱。

我——别人家的实习生。

人生大事算算除了没谈过恋爱，其他的都挺幸运，至于小事……那些微博中奖好几次还用说吗？这么拉仇恨的事情。

我一直没觉得自己倒霉，不是没有过事事不顺的时候，觉得四周都是暗的潮湿的，夜里睡不着除了哭还是哭，累但是没办法，只能熬。

熬过去之后的心大了，笑点歪的原因看大多数事情都是好的，大多数人都很可爱（悄咪咪表白二笨啊她超级可爱的！），虽然总被说傻，但是生活如意，美滋滋。

跟我哈哈地笑呀，会变成幸运的小孩儿的。

那个一直走运的光芒少年

夏南年

Y是我的高中同学，天生拥有有趣的灵魂外加一副好看的皮囊，每次看他的最近动态就像坐过山车，幸运得让我从羡慕直接腾空成了刺激。

高中时我妈总是因为一些小事跟我吵得天翻地覆，而Y即便拿着不及格的月考卷子回家，换来的也是他妈妈一句温柔的：“下次努力就好，陪我去把花栽了吧。”

有次班主任收走Y的手机又捉到他在课上和同桌眉飞色舞地聊天，忍无可忍叫来了他爸，Y不是本地人，父母赶来的心情可想而知。

班主任把Y揪去办公室后我们都觉得他完蛋了，半小时后Y却笑着回来了，“我爸要回了我的手机，拍拍我的肩让我照顾好自己，哈哈哈”。

相处久了才发觉，Y的父母是真的把先育人再看成绩这样其他家长不屑一顾的话当作真理，同时也给了他绝对的信任和平等。在渴望与父母和解却做不到的我眼里，他最幸运。

高三下半学期所有老师都对后排开启了不管模式，除了班主任。有一天她拿来一套试卷，“三十道选择错超过五道以后上课就站着上。”

对于睡眠本就严重不足的我们来说能坐着上课真的很重要，那天Y写完前五题时，班主任瞟了一眼他的试卷，“五题就错三题。”于是后面的课只有Y坐着，他无辜地说：“我怎么知道我后面蒙的题只错了两道，哈哈哈。”

这是Y唯一考好的一场试。

后来我和Y去了同一家机构学编导，校长第一次见过我说还不错，至少我知道自己想做什么；见过Y之后高兴得不行，想拉他去学表演，Y不喜欢，干净利落地拒绝了。最难过的，是你渴望的，正好是别人不屑的。

我不知道Y有没有后悔过没早一点儿去学表演，临近艺考时，Y转到表演班尝鲜，几天后就带着和他两情相悦的女生去外地考试了，他兴致勃勃地给我发消息，“今天考试她差一点儿被我骂。面试的时候，她居然跟考官说她不知道要考什么，是陪‘男票’的”。

反正我听不出这话里有一丝生气的味道，都说毕业是分手季，而Y就这样在课上因为一次真心话大冒险遇见了真命天女。

Y说，考完艺考两个人就成了异地，他真怕被抛弃，说完就去了全封闭的学校，没收手机和外界整整三个月没有联系。

好多人在这段时间淡薄了感情，Y却在等成绩时继续开心地撒狗粮。

校考录取快出来的时候，我和Y都只拿到了一个本科的合格证，Y抱怨，他的名次正好卡在录取的后一名，没接到预录电话，正巧上不了。而我有点小确幸，我过的学校去年拿到合格证去报名的全都上了。

第二天，我的那所学校出了成绩，老师先帮我查到了学校公布的录取名单，给我发了句“录取了”的消息，几分钟后，我的名字就被撤掉了，据说是安徽省以超出名额为理由。此时Y发了个截图，是他和那个女生被同一所学校录取的名单，我最后一次亲眼见证了他的好运。

后来我们分道扬镳开始很少联系，我努力写字维持着温饱，在不习惯的湿冷江南过得有点儿压抑，却三番五次得知他过得如鱼得水，被选去群演见到一群演艺大咖、空间晒着周年纪念以及生日时女生熬夜替他剪辑出的祝福视频的惊喜，每次都只能用“我不入地狱，谁入地狱”安慰自己。

其实我很早时喜欢过Y，现在也确实不喜欢了。

所以即便他运气好到金榜题名，他乡还有情投意合的女生长久地陪伴，人生喜事被几乎占全，我也仍旧希望他能做那个一直走运的光芒少年。

上帝给我关上了幸运的门，又打开了倒霉的窗

公子羽

1. 得倒霉之神独宠

说到倒霉，什么走平地都能摔倒，考试忘带准考证之类的都弱爆了。

呵，我自高中开学就得倒霉之神独宠。

远的都不说了，就说说这个学期发生的。

从开学一个人带了大包小包来学校，好不容易把东西全部拿到寝室，我们寝室在五楼，累得大汗淋漓，想铺床结果忘记带床单被罩，又坐车回家拿，我家到学校一来一回坐车至少一个半小时，慢一点儿两小时，车费就不说了。然后很不巧的第二天洗衣服就把手指上的皮蹭掉了，

擦了一个多星期的药才好，第三天上体育课被体育老师以恢复身体素质之名折磨得死去活来，第四天下大雨冒着雨跑回寝室结果半路把饭卡丢了，去补办时工作人员说记不到卡号不让补办，第五天问了老师卡号去补办饭卡的时候发现卡里的两百块只剩八十了，第六天手机坏了用了两百块修手机，不敢告诉家长饭卡和手机的事所以一个月省吃俭用，其中还吃了整整一个星期的泡面。

没错，我真的连续倒霉了这么多次，我肯定和我们学校水土不服。

如果不是，那么我只能说，自高中开学以来我就得倒霉之神独宠，我劝倒霉之神一定要雨露均沾，可他就不听，偏让我倒霉，偏让我倒霉！

2. 你继续去拯救你的银河系去吧

我倒霉就算了，偏偏我身边还有一个做任何事都超级幸运的人。

我特别健忘，而且不愿收拾，经常丢钱丢钥匙丢银行卡丢饭卡，什么都能丢，还能经常记不得自己把东西放在哪了。

但是我闺密不一样，她经常捡到钱捡到别人的钥匙捡到别人的饭卡，把东西交到广播室帮忙找失主还能得到全校广播表扬。

后来她实在受不了我的丢三落四了，买了两个零钱包，我一个她一个，结果我的零钱包在一个星期以后光荣消失了，这次就不仅仅是丢一样东西了，钱、饭卡、身份证、银行卡和钥匙全部一起丢了。她每次都摇摇头说：“我上辈子一定是拯救了银河系，而你肯定是破坏了我拯救的银河系，不过最后我仍然成功拯救了银河系，哈哈！”

我一脸不耐烦，一巴掌拍过去，大吼：“你继续拯救你的银河系去吧，小的这一次一定不敢破坏了。”

她一脸孺子可教也的表情开始唱着许嵩的《小烦恼没什么大不了》，当然，她把歌词改成了《小倒霉没什么大不了》。我撇撇嘴，表示不跟她这种上帝的宠儿说话。

3. 小倒霉真的没什么大不了

开学倒霉了一个月之后我就不怎么倒霉了，当然，也没有幸运，甚至有时候还会倒霉一下，但是比起繁忙的高中生活来说真的算不了什么了，比起我对于梦想的热爱来说也算不了什么了。我们都在青春里流浪，怎么可能一帆风顺，等到十年二十年之后回首现在的岁月，那些让你措手不及的倒霉小事我们长大后瞬间就能解决；但是长大后又会有更倒霉的事发生，每一个年龄阶段的倒霉都不相同，且等级更高，所以我只要想想未来的我会经历更倒霉的事对于现在的倒霉就真的有了免疫力。

没有什么事是睡一觉不能解决的，如果有，那就睡两觉，那些小倒霉真的没什么大不了。

对于从小到大就不怎么幸运的我来说已经不期待幸运了，因为我知道，上帝给我关上了幸运的门，又给我打开了倒霉的窗。

承受是一个漫长瞬间

惟 念

觉得自己要崩溃的那个清晨，我站在四楼的寝室阳台，盯着校墙外飞驰而过的绿皮火车，恍惚间听到妈妈的声音。

“下来吧，跳下来吧，不要怕，妈妈会接住你。”

我身体怔在原地，探出头去，看着地面，一只脚向前迈了一步。

几秒钟后，妈妈的声音又消失了，我揉揉酸涩的眼睛，蹲下身子，熟练地点上一支娇子。

2011年的春末，接到哥哥打来的电话，他绕了一大圈，最后才说：“周末有空吗，回家一趟吧。”

“怎么了，发生什么事了？”

“没事，就是妈妈想你了。”

“你肯定有事瞒我，快说实话。”

“妈妈不行了，你回来看看她吧。”

我跑出图书馆，觉得世界崩塌了，打电话给最喜欢最信任的人，三遍都没打通，我的心一点点下沉。尔后打电话给班主任请假，便匆匆收拾东西，买了蝴蝶酥装在书包里，赶大巴车回家。

那天整个车上只有我和司机两个人，我哭了一整路，回忆了很多往事，愿意拿一切来和上天做交换，让我的妈妈多活一些时间。

一路奔波，天黑时到家，推开那扇门，妈妈靠在床上，戴着氧气面罩，眼窝深陷皮包骨头。

听到动静，她抬起头，看到是我，泪涌出来，咿咿呀呀地说不出话来。

“妈妈，还能看清我吗？”

她摇摇头。

母亲临去世前一天的下午，她强忍着不适跟我说：“妈妈不太能说话了，你有什么想告诉我的吗，我还可以听。”

我握着那双干瘪的手，泪如雨下，我问：“妈妈，我能亲你一下吗？”

这大概是有记忆以来，我们之间最亲昵的动作，她对我一直严厉。

“答应妈妈，我走之后，要对爸爸好，他很不容易。”

翌日凌晨，妈妈在所有人熟睡时离开了，这么多年过去了，我始终无法原谅自己，觉得她最后一刻肯定还有话要说，还想再看看我一眼。

那包蝴蝶酥没有被打开过，仍紧扎着口放在桌子上，最后一片孝心也未尽到。

命运就这样让我成为一个没有妈妈的孩子，并且在不懂如何自我开导，疏解压力的年纪。

我每天自问，为什么我没有妈妈可以撒娇，为什么我不能在家人面前表现真实的一面，这些问题我以为走远了，它们为何又卷土重来，干扰着我的生活，让我钻进牛角尖里，迂迂回回出不来。好胜心强的我，在班级里从不说起这些，依然努力做大家眼中最棒的自己。只要回到寝室，我便开始忍受一系列的折磨，心理和生理皆是。

三年后的这个秋天，我在书中读到了一段话：此刻还有很多对自己所处困境的哀叹，等受伤刹那的惊恐过去，痊愈的漫长和无助才是真正的折磨。快刀下去往往不疼，拔出来才开始疼，而且会疼很久，是无数暗淡无光的白天，更多辗转反侧的夜晚。

后来我慢慢明白了，为什么与往事隔开了一段距离，它们才发作。

梨花梨花

杨欣妍

1

沈梨花在美术省考可以查询分数的那天，收到了三条消息，第一条是编辑的留言："不好意思哦，这个小绘本我觉得挺不错的，但被主编退了，要不你另投吧，不然太可惜了。"

第二条是好友安莫发来的消息，卡在出成绩的那一秒，"梨花梨花，我考了全省前三十名啊，兴奋死了"。

沈梨花顿了一下，边开网页边回复，"别忘了我们说好的，考不到前一千就不主动说成绩，对方也不能问。"

"你怎么那么不自信啊梨花，整个美术班就你一个能给杂志画插画赚钱，别人就算画也过不了。"安莫发来嘛嘴的表情，沈梨花笑了一下，手机里又顶过来一条消息，“你没过，连人家随便学一年的人都过了。”

沈梨花看完，愣了一秒钟才理解妈妈说的是什么没过，手突然抖了起来，连续输错了准考证号两次，才看到自己的考号和类别下赫然显示着距离过线分差三分的成绩，心里猛地一阵悸动。

同桌捣了捣她，“怎么了？脸色那么难看”？

“没事。”沈梨花收拾好书包，正迎上班主任抱着历史书走进来，沈梨花连声招呼也没打就跑出了教室。

原本她是和安莫说好的，上午成绩下来在学校待到放学，中午去大吃一顿，下午回画室继续苦练画功，可是现在，画画已经没她什么事儿了。

沈梨花自己都没感觉到眼泪情不自禁落了下来，砸在手机屏幕上，她干脆卸载了QQ，她习惯用这个软件和周边的人联系，手机里连安莫的号码都没有。

车水马龙的街道旁，她觉得自己的大脑一片空白，手还是在颤抖，刚刚走出教室时，身后的议论声依旧回荡在耳边。

“那么幸福，直接走了。”

“人家画得好，你行吗？估计是成绩下来考得特别好，继续画画去了，回来高考两三百分，随便写一写就能上个好大学。”

“要不她现在怎么那么骄傲呢？”

沈梨花的心里像泡进了柠檬一样酸涩。

2

作为一个美术生，统考不过又不愿复读，就等于和本科彻底无缘了，沈妈哪能接受这样的结果，沈梨花回到家后，屋子里已经一片狼藉。

“我让你画这些没用的东西，你多厉害啊，给杂志画插图画绘本，赚那点扔地上都没人捡的钱。现在同事都知道你艺考的事，肯定会问考得怎么样，你让我的脸往哪搁？”

沈梨花瞪着地上七零八落的样刊，也火了，“你不给我钱我不能自己赚吗？你同事那么关心我干什么，真是谢谢她了”。沈梨花冷笑着说完，突然有点郁闷地想，自己什么时候变成了这样的女生呢？

只会大喊大叫，明明那些温暖的绘本故事，被读者夸赞温暖又正能量。

“你还有理了？”沈妈的眼睛通红，沈梨花扶了一下额头，又一场硬战差不多要拉开帷幕了。

“那你说怎么办吧，反正我不会复读，你又觉得我上专科丢你的脸。”沈梨花觉得这个声音好像不是自己的，她愣了一下，猛地把妈妈推出去，关上了屋子的门。

其实她知道自己为什么那么激动，妈妈撕掉的杂志里，有一本是从邵子安那里偷偷拿的。

邵子安和沈梨花的关系不错，邵子安一直叫她哥们儿，称她为女汉子，沈梨花就拼命装饰了自己柔软的心思，在他面前没心没肺。沈梨花有时也会念叨，邵子安怎么就不记得遇见他时自己的样子呢？

那天因为上课偷偷画画被赶出了教室，正巧迎上从洗手间回班级的邵子安，见她哭丧着脸，邵子安毫不见外地说："你的画画得特别好，就是你画组牌上的那几幅，超级美，有时间也给我画几幅啊，我有先见，你肯定能成名。"

邵子安不知道，那天早上沈梨花刚被妈骂过当画手是痴人说梦的想法，刚刚又被老师冷嘲热讽："我们不能白画啊，你要是能给杂志画，赚钱，那你随便想怎么画都行。"不经意的话扎在沈梨花敏感的心上，她就是因为这样才会自卑，偷偷摸摸扫描自己的画投稿，然后在别人建议自己画插画时笑着说："哎呀，我从来不投的，我画得不好。"

然后就有个声音在狠狠地说自己，你要是真觉得自己画得不好，就不会去投稿。

十五六岁的年纪，有人肯定自己被千万人否定的梦想，哪怕只是轻描淡写的一句话，都足以让沈梨花满心欢喜，满眼都是那个美好的少年。

3

沈梨花不敢告诉任何人，在她心里一直有一个愿望，画下和邵子安初见时的场景，印在他最喜欢的那本杂志上。

说不定他会很感动然后发现他也喜欢自己呢？又或者，他会默默收藏着她的画，等到高考完和她一起万水千山走遍。沈梨花一直持着这样纯净美好的幻想。

可是她的希冀，在回到学校上课的第三天就被打破了，她还没有来得及成功，只是初审的编辑觉得她画得不错。

原本她心里还有一丁点儿的欣慰，至少没有人过问她回学校的事情。高三以后每个同学都各自成了一座孤岛，想待在自己的世界里，也不是一件特别难的事情，沈梨花想，就在这里按部就班画画学习，考上什么上什么吧，可能她的画，再好也不适合应试。

然而这样的梦还是被打破了。毕业就在眼前，班主任临时去开研考大会，英语老师跑来代班。正巧这天有两节英语课加一个晚自习，“再多上一节我都要吐了，我们来放松一下吧”。全班即刻欢呼了起来。

玩不出什么新意儿，全班分小组玩真心话大冒险，沈梨花倒霉地被抽中，沉思良久还是选了真心话。

可惜在真心话前，那个人说的赌注特别狠，比如玩就好好玩，说假话的话自己想做的事情永远实现不了，喜欢的人也不愿意多看自己一眼。

沈梨花想，全都是骗人的，她说了实话，最后的一抹幻想也被干脆地打破了。

同学的问题是，你喜欢的人在这一组里吗？全组只有邵子安一个男生，沈梨花一点头，就被邵子安敲了一下脑袋，“我可不想当炮灰啊，梨花这样的女汉子，饶了我吧”。

沈梨花愣了一下，跟着笑起来，“画画那么累，哪有这些歪心思啊，我开玩笑的”。

吵吵闹闹一节课过去，沈梨花玩得心不在焉，喜欢一个人就会卑微到尘埃里，何况她本身就像极了泥土。

沈梨花主动疏远了邵子安，酸涩的心事像小小的气泡爆炸，邵子安却毫无察觉。

唯一让沈梨花觉得阴差阳错的，是编辑突然又发来了消息，在她不知不觉睡着的时候，醒来发现四周同学都在奋笔疾书的晌午，偷偷掏出手机看时间，看到消息就顺手点开，上面飘着一句快乐的话，“恭喜哦，新画作为单幅占一个版面，主编还夸奖你了，说画面很青春”。

沈梨花愣了一下，情不自禁地笑了，笑着笑着又有点儿想哭，这幅画能不能在这个杂志过，已经没有意义了，但这就是画手的经历吧，每一幅画从完成到刊登，时间跨越像一个圆，从开始倾注了深情到后来物是人非，在时间里长大，然后接受更好的自己。所以，好像即便现在不被别人认可，也真的没有关系。

运气是不会凭空产生的

杜克拉草

运气既不会凭空产生，也不会凭空消失。它只会从一种形式转化为另一种形式，或者从一件事转移到另一件事上，而运气的总量不变。

学过能量守恒定律的人都对这条伪定律不陌生。对这条我自创的运气守恒定律，我深信不疑。

去年的我很衰，衰到我快怀疑自己是不是提前把本命年给过了。

8月份上医院检查，一不小心就检查出了一向活蹦乱跳的我身体里多了一个不该存在的东西。拿着报告单一路手抖着去找医生，见惯了各种疾病的医生轻描淡写地说了一句“问题不大，动个小手术就好了”便脱了外大褂准备下班，留我一个人对着报告单傻眼。抱着“误诊”的幻想来来去去检查了好几次，检查报告上铁铮铮的事实告诉我，我确实是一个活蹦乱跳的病人。

后来我被医院折磨了六天，喝了半个月的鸡汤也没把元气养回来。

休养过后的我整装待发回了学校。但是老天爷也没念及我经历过一场手术的份上对我稍加照顾。回校之后的那个星期，我每天半夜都会被东西咬醒，次日醒来腿上都是被咬过后遗留下的又奇痒又丑陋的红包。一开始以为是蚊子的杰作倒也没在意，直至后来跟我姐哭诉时，她在手机另一端很明确地告诉我：我是被席虫（一种藏在草席里米色的小虫，容易在潮湿环境里长出来，很小，会咬人会吸血，被咬后很痒）咬的。

我的腿上被席虫咬了大大小小总共接近四十个红包，无药可消。

后来我便开始了灭虫之战，丢席子、暴晒被子、消毒床板各种忙活。席虫给我留下了后遗症，直至现在我都不敢用席子。有些被席虫咬过留下的疤，也一样还没彻底消去。

被席虫咬这件事消停了一段时间，不知为何，我脸上开始莫名其妙长了很多奇奇怪怪的一粒一粒的红点，都快赶上粗面型的内质网了。为了保持“盛世容颜”，我决定去不靠谱的校医室，医生看着我一脸的红点儿也没说出个所以然。大概是为了说明她为我诊治了吧，医生带我去柜台让护士给我开了一瓶碘酒和一包棉签让我回去擦。对，就是那个棕色的碘酒，擦了会留下颜色的那种，我在脸上擦了好几天……

“红点”事件刚过，我开始长智齿，不像小说里写的遇见爱情，智商也没涨，倒是牙疼得厉害……

接二连三发生这么多不如意的事，让我不得不给自己洗脑：我经历的每一件衰事，都是为了攒足好运去得到更好的东西。金融学里有个词叫“触底反弹”，意思就是经济低迷到极限后，开始强劲反弹。衰到极致，是会反弹的。

果然啊，11月份的通过率很低又很贵的专业证让我以比及格线高一分的成绩飘过，12月份的英语四级也让我侥幸以低分通过。

我就知道，我不会一衰到底的。我把考证的学习软件卸载的那一刻，还真有剑客将剑合上剑鞘般的骄傲。

现在回想起来，仍旧惊觉那段时间都经历了什么。但似乎每种运气的出现都是有原因的。我学不会早睡所以活该身体出毛病；离校之前我没把席子收好所以活该被席虫咬；那自制的五六张A3纸专业知识大纲和四级单词的打卡记录根本无法用“幸运”俩字来否定我的努力……

所以你看，好运也好，坏运也罢，其实都不会凭空产生和消失的。

给世界一角的另一个我

给世界一角的另一个我

蓝与冰

1

安小念有个有点无聊的小习惯，就是每天做完早操后，她都会兴冲冲地跑到学校的收发室去翻信件。从明信片到平装信，最后连挂号信的名单本都会从头到尾看一遍，进行完这一系列行动后她就会像只蔫了的失宠小猫一样，怏怏地耷拉下耳朵走回班级，日复一日，风雨无阻。连收发室的大爷都记住了她，跟她说："同学，你要等什么信啊，我帮你守着，等到了再联系你吧。看你这折腾得累的。"

安小念就倔强地摇摇头，扬起明媚的笑脸："我等得很开心的！"

这话是真的，从她终于等到来信时的表现就能看出来了。当她从那一堆土黄色的信封里抽出那张属于她的信时，她跳得快要飞上了天，比中大奖还高兴，兴奋地一把搂住了我的脖子。

我脸“唰”就红了。怎么说我也是一条汉子，还是第一次迎接一个女孩儿的拥抱呢。但是安小念根本不给我遐想下去的机会，她马上松开了我，又一把抱住了收发室大爷的腰，“咯咯”的笑声像只下了蛋的母鸡，充满了骄傲和幸福，还是发自肺腑的。

信的内容不长，安小念却一遍又一遍地看个没够，当我要凑到她跟前偷窥一下时，她就一把把信按在胸口，气势汹汹地像只护食的小狗。看她这么自私自利不团结友爱我也很恼火，枉我每天早上都不辞辛劳地陪她翻信，结果连给我这个同伴看看信的机会都不给。我撇撇嘴，她却将信小心翼翼地塞回信封里，抬起了头问我：“李卓木，这个星期天，你陪我去看一场演唱会好不好？”

我一低头，正好迎上她水亮亮的眼睛，连她鼻尖因兴奋沁出的微小汗滴都看得很清楚。我愣愣地眨了两下眼，点了点头。

“太好喽！”安小念开心地伸高了胳膊。我瞄了一眼她右手上攒着的两张门票，粗制滥造的颜色印得一点儿也不均匀，上面极没品位的“辰星个人演唱会”几个大字在风里晃了晃，深粉色的字样像是被洗褪了色的人民币，却当然比人民币廉价太多太多了。我挑挑嘴角，有些无奈地笑了。

2

我喜欢安小念。这是人尽皆知的事实，除了安小念那个笨蛋以外。

但这也很正常，正值青春期的我们怎么可能会心如死灰色即是空，我喜欢她也是喜欢她阳光的笑脸，积极的个性，这是很纯洁很健康很脱离低级趣味的喜欢。但关于安小念喜欢辰星这件事，就不怎么正常了，甚至在我看来，这只能算是一种低级趣味了。我也有喜欢的乐队——五月天，喜欢他们抱着吉他把坏情绪吼掉，把舞台的地板跳穿的气势，那样响亮放肆的勇气和快乐会给我很大的动力。可是安小念却好不好地偏偏喜欢上了一个一点儿也不出名的颓废派流浪歌手，在百度上搜索要翻个三十来页才会看到有关于他的消息，那张照片照得像是劳改犯人一样，瞪着眼睛傻愣愣地盯着屏幕，绝对谈不上什么美感。旁边的介绍更是少得可怜：辰星，流浪歌手，有一把叫作青风的木吉他，游走于每个城市的边缘。如果你遇到他，请听他唱完一首歌。

这么简单几句话却简直要成了安小念的人生动力，她跟我说她见到过辰星，也找出了辰星的联系方式一直等他回信。我一直很不理解她的狂热劲，那简陋的介绍方式，与其是说一个歌手，倒不如直接说是个卖唱乞丐罢了。

而就是这个卖唱乞丐，对安小念有着莫大的吸引力。她的每本课本上都有她画的星星标记；她一提到辰星就会像打了鸡血一样一脸的兴奋状；而那天，接到了所谓的辰星的回信后，她更是一冲动，拉着我挤上了这列绿皮火车。

地点是个名不见经传的二级市，就是特快列车根本不会停靠的那种小站。我们没买到坐票，只好随着人流进了车厢，好容易蹭到了车厢连接处。火车上闷得让人喘不过气，返乡的农民工操着我们听不懂的语调打牌，过道上则被大大小小的行李箱和编织袋占据了。我们跻身的小角落旁边正好是吸烟处，烟蒂残余的味道熏得安小念打了个喷嚏。这情况是够糟糕了，更糟糕的却是，我旁边还有个读不懂状况的安小念。她兴冲冲地从书包里掏出备好的折叠小板凳，又掏出瓶红牛给我，咧着笑脸说："渴了累了喝红牛！"

我实在没法被她这句玩笑话挑起兴致了，闷闷地捶了两下胸口，靠在车厢上拿出MP3听了起来。安小念倒是舒服，不一会就困得点起了头，索性靠着我的腿睡了起来。我慢慢静下心，焦躁感才少了几分。我听着MP3里五月天的《王子面》，想象着自己也是在守护着公主的王子。

四小时后，我就完全后悔起来自己的逞强了。到站时我的右腿麻得弯不下去，一步也迈不出。安小念小心翼翼地扶着我——倒不如说是拖着我，一步步艰难地走。一路上人们向我投射来的好奇和同情的目光让我很是郁闷，直想大声吼一句：我没瘸，不是残障人士啦！

3

会场在一家半废弃的小型体育馆里，只有两架镁光灯和一套音响设备，穷酸得我都不好意思吐槽：我们班级的晚会都比这大气啊。人不多，不如说根本没几个，座位任我们挑，安小念就拉着我去坐了第一排最中央的位置。不一会儿，辰星就上了台，在我们这很清楚，我几乎能看清他下巴上没剃净的胡子碴。他穿着烟灰色的风衣，长长的刘海儿飘下来挡住一只眼睛，与其说是歌手，不如说是个没钱理发的行为艺术家。不一会儿就开始演唱，却全是周杰伦、萧敬腾的翻唱，一首原创作品都没有。而且他的歌声，说实在的我真的不觉得哪里好听，但不知为什么身边的安小念就能听得老泪纵横的，感动得像听见儿子第一句开口叫“妈妈”的母亲一样。

辰星唱了两个小时，曲目都是在KTV排行榜前几页那几首，而我也昏昏欲睡了两小时，等到结束时安小念起身鼓掌，我才迷糊地醒过来，冲台上那不入流的歌手暗暗竖了个中指。

回来的一路上，安小念还是在激动着，她一直哼着辰星唱的那几首口水歌，我在她眼前打了好几个响指她才反应过来，笑嘻嘻地对我说："谢谢你李卓木，我请你去吃饭吧。"

我们找到附近的一家米线店，安小念叫了最大号的一锅，给我们俩吃得热血沸腾的。她眯起眼对我笑："李卓木，果然辰星还是没变，和以前一样帅。"

我一脸惊恐地抬头看安小念，她这眼光也太天赋异禀了，那张大饼脸到底哪里帅了啊。不过话说回来，她这样的笑脸真是久违了。最近不知为什么，她在学校里总是没精打采的，上课时老师提问也会偶尔恍惚地走神，今天看她这么开心我也放心了不少。

那一大锅米线我们几乎都吃光了，打着饱嗝在异乡午夜的马路上吹风。因为我们吃米线耽误了时间，错过了凌晨前最后一班火车，而下一趟，要在午夜一点才开。还好车站附近的大排档很热闹，晚上了也还在亮着各色的霓虹灯。我们聊着无聊的数学课，最近的漫画新刊，校门口的涮串店，直到吃撑的肚子消化得差不多了，时间也快到了。回程时我们很好运地买到了坐票，趴在桌上还算安逸地赶回了我们的城市。

到安小念家小区门口时，已是早上六点了。我在火车上补够了觉，一路送安小念回去，还有些担心地问："你爸妈不会担心你吧？"

“放心吧，他们都出差了。”安小念冲我莞尔一笑，一蹦一跳地进了楼口。目送她的身影消失，我才往自己家赶去。昨天骗老爸老妈说我要去同学家住一晚，不知还能不能瞒住呢。

我蹑手蹑脚地开了门，正想偷偷溜回自己房间找书包时，老妈一声尖叫却瞬间刺疼了我的耳膜：“你还好意思回来！说！昨晚干什么去了？”

我一个激灵，忙哆嗦地答：“去，去张胖子家了……”

“你小子又想骗我，我都打电话问了张浩天了，他说你根本不知道他家！说，你跟哪个女同学私奔去了！”

我暗暗在心里骂了一声专业卖队友的张胖子，又忽然反应过来什么。私奔？我那连暗恋都算不上的隐晦心情怎么就直接被上升到了这个高度了，我忙接道：“没了，我去……我去带同学看我哥去了……”

“哼，你还好意思提你哥！你看人家高考考得多好，你是得向人家学习学习了！说去他那逛逛我还能放下心。”老妈嫌弃地看着我，边说边叹气。我真不该提我哥，一个家族里只要有一个有出息的，那绝对是一整个家族未成年人的灾难，我装诚恳地听着，却又想起来什么，抬头问老妈：“你怎么知道我是带女同学去的呢？”

“人家家长打电话来了啊，我一寻思也是，怎么可能是私奔，哪个不开眼的小姑娘会看上你……”老妈又开始了对她亲生儿子惨无人道的人身攻击，我却隐隐地觉得有什么不好的预感。

4

果然，安小念没来上学。明明上午有她最喜欢的生物课，而且看她今天早上那兴奋的样子，绝不会是因为她累了想要休息，那只能是因为她家长发现她昨晚偷偷去听演唱会的事了。果然，第三节课还没上，老妈就又打了电话给我说，安小念的妈妈又给他们打了电话，要我给她回电话。因为刚好是体育课，我躲到树荫下给安家打去电话时，心口都紧张地怦怦跳着，而听到安小念的妈妈略带哭腔的“喂”之后，我就真觉得大事不好了。

“阿姨，您找我有什么事吗？”我颤颤地问道。

“昨晚是你带安小念去外地玩的吗！你怎么想的啊！好吧，那事暂且不提，你知道她现在在哪吗？”电话那头的声音充满了怒气，听上去像是阿姨被气哭了吧。

我赶忙接道：“阿姨，昨天晚上我只是陪她去外地听了一场演唱会，门票和火车票都留着呢。她现在？我也不知道啊，她没来上学啊。”

“这孩子，我不过训了她几句，就和我赌起了气，竟偷偷从家里跑出去了，我真是要气死了！”

我在这头想了想，理好了思路说：“阿姨您放心，安小念那么乖的孩子不会不听话的。你也知道吧，她上次月考没考好，这段时间就一直熬夜学习，上课都会犯困。我想她去听演唱会和现在出去都只是去放松一下心情的。我知道她在哪，我现在就去找她。”

那边啜泣的声音才轻一些，一会儿阿姨又带点质疑地问：“你怎么会这么清楚？”

我想了一下就笑了：“因为她，吸引着我。”

5

我赶到地铁通道时，安小念正蹲在一角哭，缩成小小的一团，让人看了就忍不住心疼。路人不断抛来好奇的目光，我叹了口气，上前拍了拍她的脑袋。

安小念这才把头从臂弯里抬起了，见是我，却哭得更厉害了。我在她旁边坐下，听她开始断断续续地讲起了话。

她和辰星，就是在这里相遇的。当时她还只是初三生，正顶着中考的巨大压力时，却有一个消息传得沸沸扬扬：他们学校本部里理科排名前三名的某位优等生竟在高考前夕休学，一个人去外面追梦去了。这消息宛如一个炸雷，人人都在讨论那个学生怎么没轻没重，只有安小念一个人，对那个人充满了崇敬。因为从小被父母管教有加的她也好想那样自由地抛下一切，轻松地走自己想走的路。但她没那个魄力，她的现实也根本不允许。她就在某一天的地铁通道里，遇上了传言里的主人公。

当时的辰星抱着把吉他盘在地上唱了好几首歌，安小念也蹲在他身边一直听他唱完。直到最后她要把自己所有的零花钱都给辰星时，辰星却拒绝了。他说："我不是乞讨，我只是想唱歌。"

安小念说，说那句话的辰星的身影帅死了，她就在那时候胸膛里有了无比的勇气。她把辰星当成了另一个自己，一个自由潇洒随性不羁的自己，她看着辰星追梦就像看着自己挣脱了身上的一切枷锁，也就有了莫大的力量去完成自己应该做的事了。因为那些只存在于自己脑海里的梦想，有人在帮她实现呢。

我安静地听她说着，嘴角一直悬着线条柔软的笑。那一瞬间，我心里复杂的心情忽然解放了，我感受到了很舒服的轻松感，就像午后的阳光和惬意的风打在身上。我实在是太放松了，所以忘记了告诉安小念我为什么知道她在这里，还有关于她的故事，其实我还知道另一个版本的。

6

安小念知道辰星叫辰星，却不知道其实他顶着一个大众的姓氏。估计辰星也觉得那姓老土才匿了自己的姓吧。

是的，李辰星就是我哥，大我六岁的亲哥。他高三休学的事我当然知道，当时的他因为学业的重压压抑出了抑郁症，严重到大把脱发，睡不着觉的程度。心理医生给他的建议就是：暂时放松一段时间做自己喜欢的事吧。

于是就有了优等生李辰星潇洒休学去唱歌的新闻了。别忘了新闻就是新闻，人们只会看到那噱头，却没人注意那背后有着不怎么好看的隐情。他出去潇洒了一段时间后，就又乖乖地回学校考大学了。毕竟多数人选择的那条路，才是最适合走的路。当然他并不知道自己这段小插曲竟会给一个陌生的小女孩儿这么大的影响。

那个小女孩儿就真以为他在一直坚持着当一位流浪歌手，并千方百计地想再联系到他。当我第一次听安小念说起辰星时，我还以为是哪个人起了个和我老哥一样的倒霉名字，可当她给我看那张网页上的照片时，我才目瞪口呆。那张明显神经衰弱的照片，不就是他高中学生证上贴了三年的那张吗！知道了这一切的我联系了老哥，商量着给安小念一个意外惊喜，举办一个小小的演唱会，专门送给她一个人的。当然，租下一个场馆的费用太大，我们只好找了个不那么风光的地方，但还好安小念不介意，还是听得很开心。

忘了说，我为什么一直对安小念那么关注，也是在刚升上高中时，我们整个班都灰压压地没有一点儿朝气。因为我们是平行班第一班，也就是差了几分就能进到尖子生班里的倒霉者集合。老师在讲台上呼吁了半天也没人应和她，这是，就有个女孩儿高高地举起了手说："老师，让我开始自我介绍吧。”

她就是安小念，看上去是个文静的小女孩儿，却有着很大的勇气去当了第一个发言人。她还唱了首歌，不知道是不是故意的有点儿跑调，所以班上的笑声就泛起来了。班级里死寂的气氛就这么被她挑起来了。

而一直在台下看着她的我，从那时起就被她吸引了。天知道我在台下进行了多久的心理斗争，想举手却没有勇气，而安小念却轻而易举地做到了我想做的事，并无比出色。我看着她，就像看着另一个我，一个有勇气的成功的我。而今天听到安小念说起哥哥时我才忽然欣慰地明白了一切。原来我们都一样，我们喜欢的，一直都是一个比自己更优秀的人，潜意识里把他当成了另一个自己，不断从他身上得到积极美好的力量。可我们却忽视了，其实每一个真实的我们自己，也是很出色的发光体。想到这我就真的很舒心，也许平凡如我，也在默默地发着光，吸引着某处的一个人吧。

而那之后，我们又回到了之前的日常生活里，安小念的妈妈和我长长地谈了一次心，她答应我不会再管安小念那么严，我也答应她，在我真正成长成一个成熟有担当的男子汉之前，不会告诉安小念我喜欢她的——虽然我也不太确定那是不是喜欢啦。我只知道，勇敢努力的安小念走在我前面，那么我也得努力变得更厉害，好去追上那个在我前方的另一个自己才行。

女孩儿都爱摄影师

巫小诗

1

第一眼见到大熊的时候，觉得他长得好有喜感，又高又胖又挺有活力，简直是个戴着棒球帽的功夫熊猫，并不娇小的我，站在他旁边，头一回有了小鸟依人的感觉。我问他有多高，他说你猜，我猜一米八三，他说胖子都显矮，我一米八七啦。

看他的长相和气质，他或许应该是个“姐，遇见你就嫁了吧”的厨师，或者是个轻轻一勾就能拎一堆实验器材去上课的高中物理老师，更或者是，隐退江湖后发福一发不可收拾的前体育健将，可惜，这些他都不是。在我求知若渴的企盼下，他终于轻描淡写地说出了自己的职业——

摄影师。

他真的一点儿也不像个摄影师，我们这种普通人出趟远门尚且背个专业的单反相机，而他就一个小背包。我问他，你的大家伙呢？你的三脚架呢？你的闪光灯呢？你一堆的镜头呢？这个小包包能装啥？怕是我的相机都塞不进去吧。他不急不慢地拉开小背包拉链，再打开一个夹层，慢悠悠掏出一个入门级的单反相机，喏，这就是我的装备。

我额头三根黑线，你是拍交通违章的交警大队摄影师吧？这个小东西能拍出大片吗？他笑了笑，片好不好，跟相机关系不大，心情好就行。颇有隐世高人的感觉，让我摸不到头脑。

虽然听起来很厉害的样子，但还是不让人信服。毕竟，这个世界上有太多自以为了不起的人，把自己喜欢做的，正在做的，稍稍有一丢丢成就的事情说成自己的专职，画了幅临摹的卡通在微博上被人点了几个赞就觉得自己是画家，在小杂志上刊登了一个豆腐块大小的文章就觉得自己是作家……这样的人多了，很多浪漫主义的职业，说出来也没太有人信了。

我说，大摄影师，让我开开眼，给我瞅瞅你相机里的照片呗。他很豁达的表情，好啊，拿去，他递石头般随意搁到我手上，露出狡猾的表情，不过现在没电了，然后他就继续往前走，我在后面抱着个玉玺般跟着，那还给你啦！他嘿嘿一笑，我包太小了，你帮我背回去，谁让你要看的，然后加快步速。

我原地站着，撑着腰，胸有成竹地大声说，你不拿去我可就扔地上了啊。他说你扔吧，我先回去了，他走得更远。

啊……你个痞子!

即便如此，我对大熊的初始印象并不差，没办法，谁叫他是个胖子。因为我爸很胖的缘故，我对胖大叔都很有好感。管大熊叫大叔大约是可以的，毕竟他大我十一岁，可看到他那副无厘头的样子，实在让人叫不下口，毕竟，大叔可不是一般人都能当的，人家韩国小姑娘管喜欢的人才叫大叔呢。

2

我和大熊是怎么认识的？这真的是莫名其妙的机缘。

那是夏天的事情了，毕业旅行的我，决定去一个遥远的国度，遥远到说出国名都很少有人听过。我还是一个人上路，我本来可以两个人的，可是那个人有他认为更重要的事情要做。

出了过境口岸，一辆吉普车凑过来，司机用磕磕巴巴的英文说，我可以载七个人。然后，路边的一位陌生男子，停下脚步，往自己身后一看，点了六个路人说咱七个一起吧？其中也包括我。啊，怎么会有这种人，都没问别人要不要跟你拼车。这个莫名其妙的人就是大熊。

即便莫名其妙，我还是上了车，毕竟本来就是要坐车的，跟谁一车无所谓。

那个带头的男生个子大，他坐在副驾驶的位子。刚坐下来，他就回过头跟身后的人交谈开来，他聊了几句，我才惊讶地发现，他和另外五个人都认识，只有我一个是陌生人，啊，这真是太尴尬了。我不知所措，茫然看着窗外，耳朵还在听他们聊天。

原来这个大个子男生叫大熊，另外五个，分别是一对中年夫妇，和三个大学在校女生。他们彼此的称呼都不是名字，而是代号，诸如石榴、虾米、买买提。真的很奇怪，一路上认识的人，几乎都是没有名字的，就像入了江湖般。也是，人名都比较拗口，说了名字别人也会记不住。为了避免尴尬，我也赶忙临时给自己取了个代号，叫九月，因为，从小到大，每年的九月我都会格外幸运。

大熊说，九月，既然你一人，我们就把你捎上了，一个姑娘在外面不安全。

从上车到被组队，我似乎没有一点儿发言权，但，突然有人帮忙做主，感觉还不赖。

大学四年，我活得像个绝缘体，什么事都可以自己完成，不需要团队合作，也不需要外界帮助，有同学戏谑我说，如果生孩子是一个人可以完成的事情，我以后也不必结婚了。

3

大熊坐在副驾驶位上，很不适应的样子，因为这里车的方向盘在右边，跟中国相反。大熊坐在中国的驾驶位置，却手头落空，让他很没安全感。

他突然想到了什么，然后扭过头说："如果我把自己的车开到国外来，那就搞笑啦，我肯定让副驾驶的人把双手伸出窗外，绝对把后面的车吓得屁滚尿流，他们一定以为司机没用手，哈哈哈哈！"他笑得很大声，甚至有点狰狞，但没人理他，我们后两排的人都因旅途奔波昏昏欲睡，只有他精神异常。

他很尴尬地扭回了头，想对司机说自己刚才的笑话，无奈英语太差，说了一句sir后，哽住了……

下车后，我们一行找了家宾馆，宾馆说现在旺季，只有三间空房。那七个人怎么住呢？中年夫妇必然住一屋，我们余下的五个人，四个女生，一个男生，这可有点尴尬。

豪爽的虾米姑娘发话了，这样吧，大熊，让猴子跟九月住，你跟我俩住一间。大熊感动至极，连说好，今晚给你俩踩背，绝对正宗。罢了，你那吨位，会把我俩踩成高位截瘫的。

就这样，三波人各回房间，洗洗睡了。

晚上躺着，我问猴子，大熊是你们什么人啊？她说，不是什么熟人啊，今天早上认识的，也就比你先认识两个小时。

这样啊，你觉不觉得这个人有点奇怪，太人来熟了。

还好吧，旅途中你会认识许多这样的人，很多人来熟的人，生活中也许很自闭，旅行的时候还闷头闷脑，真就太没意思了。总之，大熊人还不错，是个温情的大叔。诶，九月，你有男朋友没？

不知道算不算有呢，有个潜在发展对象，对我很好，但他一直傻傻不开口。

哦哦，那就算没有啦。你看我们三个，都是有男朋友的人，旅行在外都说自己是单身，因为这样会有意思些，也没想艳遇啊有的没的，但没男朋友的女生终究是会更容易让人接近的，对男对女都是这样，原因我也说不清。

大概吧，单身的人会有一种暧昧的吸引力。

4

因为时差的缘故，当地时间的早上五点多，我就醒了，人生难得几回早。

天还没亮透，我站在阳台上伸着懒腰。醒啦？隔壁阳台有人跟我打招呼，我揉揉眼，原来是大熊。没有防盗窗的阳台，不管看见谁，都觉得很没有距离感呢。我说：“是啊，饿醒了，你今天什么打算？”

大熊憨憨一笑，我今天想去买条裙子，听说这里的男人过节的时候会穿裙子，我这辈子还没穿过裙子呢，想过把瘾。

哈哈，好啊，我们帮你挑。你真有趣，看着一点儿也不像上了三十岁的人。

女怕老，男怕小，显年轻不是好事儿。也就出门旅行是这德行，我工作的时候，可严肃了，尤其对待实习生，天天演黑脸，演得我脸都快抽筋了。

可别对着一个即将实习的人说这些，会有阴影的。为什么啊？为什么你们这些有工作经验的人要这么凶地对待我们这些刚毕业的孩子，温柔一点儿不好吗？像你平常这样嘻嘻笑笑的，工作氛围多好。

很简单啊，我当年也是这么过来的，而且我很感谢当年我实习的时候没给我好脸色的上司们，生活就应该这样的，在一开始就让你看到苦难面，后来再遇上不如意，就会看淡些，后来的好日子，也会被视为命运的恩赐。好了，不跟你说这么多，出来玩，不谈工作。你说我买什么颜色的裙子好呢？

买两条！晴天穿红的，阴天穿绿的。

哈哈，我是路灯吗？

5

来到当地人的服装市场，不算大，但足够琳琅满目，这真的是个宠溺色彩的国家，我和小伙伴们都惊呆了。我们开始各自挑选适合自己的衣服，把大熊晒在一边。

他只能自己去找老板交流，见他上下比画，样子滑稽得很，这就是不学好英语的后果。我看不下去，上前帮忙，跟老板交涉了一会儿后，才知道，当地男人根本不穿裙子，是中国人乱传谣言。老板觉得我们的提问很滑稽，然后他接下来说的话，更滑稽，他说大熊这样的身材，即便男人穿裙子，也没有他的尺码。

我笑得快岔气了，都不忍心把这句话翻译给大熊，他又一直缠着问我笑什么，我才告诉了他，知道真相的他眼泪快要掉下来，哈哈哈哈。

大概是自己不能买裙子，大熊拉着我们，死活不让我们买衣服，说了一大堆理由，但也阻挡不住姑娘们爱美的心。何止要买，我立马买了就穿身上了，也不顾外面正在下雨，把长裙子在膝盖上打了个结，走路都迈不动腿，小步小步地走着，像个日本女子。

这里的城市主干道也坑坑洼洼的，我怕弄脏新裙子，低头很小心地看着路，猛抬头，才发现，大熊在前面偷拍我，我怒视着他，不许拍我的囧照！要拍等天气好了，我打扮一下你再拍!

这不是偷拍，是抓拍，你不知道你的样子多可爱。摆拍出来的东西，太没意思了，美不是第一位的，传神才好看。

我加快步速，走到他旁边，踮起脚，给我看看!

等会儿，踮着，不要动! 他俯下身子，半个身体在雨里，就为拍下我绑着的裙子和踮起的脚尖，然后他站起来，笑着说，这个样子很俏皮的。

给我看看!

中午给你看，我现在在兴头上，还没拍够。你们走你们的，别管我，等下我追上来。就这样，大熊消失在一个窄巷子的入口。

6

吃午饭的时候，我迫不及待地抢来大熊的相机，一张张翻看起来。

传神的人物，异域的街景，还有并不漂亮但很有味的我，哇，真的感觉不错，你的入门机器也能拍这么好。你回去再给我后期一下吧，然后发给我!

不工作的时候，我都不爱后期，照片很真诚，后期太修会撒谎，如果活在几十年前，只有拍照没有后期，那时候的摄影师才是真正意义的摄影师，活得很纯粹，现在的摄影师太辛苦了，知道我为什么这么胖吗？经常一修片就是一个通宵，饿了我就吃高热量食物喝碳酸饮料，我去年一年长了二十斤！我上大学的时候才一百二十多斤，一米八七的大高个儿才一百二十多斤啊，哎，我的青春小鸟一去不回来。

哈哈，那是挺让人羡慕的身材，诶，你哪个学校毕业的啊？

哦，电影学院。

哇，你电影学院的啊？大熊的形象在我心目中瞬间高大了不少，不仅因为学校，还以为他的不张扬。名校生我认识不少，大部分都有一个共同点，那就是，他们几乎都会在第一次见面的时候有意无意地强调自己的学校，因为在这种学校上学时一件很有面子的事情。而大熊不一样，我挺喜欢这一点。

所以，你是电影学院摄影专业毕业的？天呐，我小看你了，还以为你是那种刚入手一台相机，鼓捣鼓捣，拍拍花草拍拍日落，就当自己是摄影师，到处骗小姑娘的人呢。

哈哈，没事，这样的人倒也不少。

那，你为什么出国旅行不带点好设备？那样不是能拍出更好的照片吗？

工作归工作，生活归生活。

你不喜欢你的工作吗？

喜欢啊，喜欢到疯狂。可正是因为喜欢，才要保持好一个度，如果你喜欢吃小龙虾，你也不能餐餐吃吧。我工作时拍的照片要给客户，可自己旅行时候的照片，只要自己惬意就行。入门机器有什么不好，轻便随意，画质和像素都不是问题，重要的是感觉。

哦，感觉。我若有所思地回味着大熊的话，觉得他从无厘头怪叔叔升华为心灵鸡汤。我突然想到点什么，大熊，你们当摄影师的，应该见过很多很多的美女吧？眼光会不会很挑剔？不漂亮的女生都懒得拍？

美女肯定是见过很多，挑剔也算不上，你看，我刚抓拍你的时候，就觉得那样的画面里的你好美啊，美是一种有情境的东西。我愿意拍一个下雨天素面朝天的躲雨小姑娘，也不愿意给一个高贵冷艳的美女摆拍大头照，这是很明确的审美取向。

被摄影师夸，我心里别提多欢喜了。

7

晚上睡觉的时候，我脑子里就在不断重播白天的场景，回想着大熊说的话，觉得他一定是个很有故事的人。然后，我功利地猜测，大熊会不会很有名气，他拍照的价码很高，他口碑很好云云，我甚至想百度一下他，无奈，大熊真名叫啥我也不知道。

不行，人家白天还夸我是天真无邪的小姑娘，我不能用这么功利的眼光去看他。不过呢，珍惜跟大熊在一起的几天时光，让他多给我拍几张照片还是可以的，哈哈。

第二天，“葫芦娃”七人小组发生了小矛盾，我们这几拨人，猴子爱好慢生活，虾米和石榴只想买衣服吃美食，买买提夫妇背了一堆人情债要带这纪念品买那小特产，而大家时间却有限，不能什么时候都一起行动，然后，七人小组无奈解散。

依然愿意漫无目的地发呆闲逛的只有猴子、我和大熊。然后，大熊成了我们的新室友。他胖乎乎的体型和幽默的性格，让人很没有距离感，甚至都不当他是男的。我和猴子睡一床，他睡一床，没有任何尴尬的感觉，毕竟都是常住青年旅社的人，男女混住，早已见怪不怪。

大熊搬着他一堆零碎的行李到我们房间里来了，看到他的物品，我笑得快岔了气，毛巾上是一只大嘴猴，大裤衩上全是小斑马，手机音乐放的还是《海贼王》主题曲。

你像个上了三十的人吗？太童心未泯了吧，跟个90后似的。

错了，我是80后的年龄，90后的容颜，00后的心态！

服了你了，难怪你没有女朋友，你以后娶了媳妇，她肯定惨死了，又当媳妇又当妈。

大熊没回我话，继续收拾他的行李，该不会是生气了吧。气氛有点尴尬。

我意识到自己说话可能有些没大没小，毕竟人家还是叔叔辈儿的，不能老中伤他。我决定以后对他好些，一是出于良心愧疚，二是为了长久打算，如果惹怒了大熊，他抛下我们，异国他乡的，也没个大块头可以壮胆，多没安全感。

大熊倒也不记仇，还是有说有笑地跟我俩相处，白天闲逛，吃吃玩玩，晚上谈点理想或者跟我俩灌输点心灵鸡汤，我们就像一个老爸和两个女儿一样，和谐生活着。

8

这一天猴子有心事，闷闷不乐，晚上非拉着我俩去喝点小酒，找了家当地安静的酒吧，边喝酒边聊天，猴子慢慢地道出了由来，她喜欢上了一个当地人，他们认识才二十六小时，她已经开始决定要不要嫁给他了。

我们惊讶无比，说你天天跟我们在一起，你哪来的时间去爱上当地人呀？

猴子说，那天咱们仨一起逛围巾店，你们先出去，店老板拉着我，在我手心里写下了他的微信号码，我们好聊得来，我今天围的这条围巾，其实不是买的，是他送给我的，他让我为他留下来，我觉得他对我是真心的。

老外也用上咱微信了？果真是地球村啊。大熊尽说些题外话。

我赶忙问猴子，可是，你不是有男朋友的人吗？不可以因为一个异国男人的一条围巾就变心啊。

猴子已经开始有点醉，她口齿不是很清楚地说，大学时候谈恋爱嘛，谁不是摸着石头过河，我男朋友是个很无趣的人，跟他在一起太平淡了，我想要的爱情，要传奇一些，曲折一些，不能是现在这样的。

所以，你认为跟一个认识二十六小时的异国男人闪婚是一件很传奇的事情吗？你在意的根本不是他那个人，你要的只是一段奇特的经历，而这个人，是谁都可以，对吧？

大熊的话，很重，我在桌下踩他的脚，他并没有搭理我，反而继续往下讲。

我跟你说说我周围的故事吧，我有朋友是在丽江开店的，卖的是非洲鼓，小伙儿长得也不赖。

猴子气势汹汹地打断他，你别拿丽江跟这比，你不知道丽江开店是当今四大俗之一吗？

得了吧你，在个比丽江大不了多少的国家开店卖围巾的就不俗了？你静下来听我讲，叔是为你好。

大熊喝了口酒，接着往下讲，我那哥们儿小日子过得挺自在，敲敲鼓，淘淘碟，泡泡妞。也经常给美女留个联系方式什么的，后来，有个姑娘，真的为他动了心，为他辞了工作，要跟他在一起，天天坐在鼓店里，当自己是个老板娘似的招呼客人。这把我朋友烦死了，后来还是请我另外的女性朋友扮演女朋友才把那姑娘撵走。你要知道，这个世界上，一见钟情的概率是很低的，旅途是很容易让人动心的，也许你今天想不顾一切嫁的人，明天你就觉得他很人渣，你平静下来想一想，那个卖围巾的小哥，微信里只有你一个路过的姑娘吗？他生意那么好，送你条薄薄的围巾损失很大吗？没准下次你去他店里，他会给你推销最昂贵的围巾，说那才符合你的气质，那你买不买呢？

哎呀！别再说了！你烦死了！大熊边说猴子边喝酒，喝得已经开始发酒疯了，大熊的肺腑之言，也不知她听没听进去。

扶着醉醺醺的猴子回到了住处，一挨到床，她就睡得不省人事。

我和大熊坐在阳台的沙发上聊天。

大熊说，我后天就要走了，本来想多玩几天的，朋友帮我订错了票，只能后天急匆匆走了，还没玩够呢，这里的生活很惬意，舍不得走。

就走啊？你走了，我们就没有大Boss可以依靠了，猴子这个情痴，你走了，我也招架不住，狠话我是说不出的，虽然我也觉得那个围巾小哥儿很不靠谱。

我跟你这么大的时候，喜欢一个姑娘，觉得一定会娶她，后来再怎么爱得死去活来，还不是各走各的的路，现在她孩子都有了，我还在这飘啊飘。

提到你伤心事啦，抱歉哦。

没事，我都是过了三十的人了，才不会为这些事伤心得死去活来。明天大清早跟我去拍照吧，猴子这家伙估计是起不来的，咱们租个小船，去拍湖上日出，这里的湖，光看白天的光线就知道日出会美煞人。

好啊好啊，我满口答应。

那就早点睡吧。

9

我们五点就起了床，天刚蒙蒙亮。来到湖边，租船的门店都紧闭着，看了看营业时间，原来8点才开门。

总不能就这样扫兴地回去吧，我想。扭头一看大熊居然已经爬到船上了，九月！过来！这里的船就是用个绳子拴在岸边，可以直接划走！

也是，拍完日出他们可能还没开门呢，能省出个早餐钱。好吧，就让我在国外当一回不守法公民吧，我屁颠屁颠地上了船。

一边划船一边聊天，大熊问我会不会游泳，我说不会。

他说，没事，我水性好，你掉下去也没事。告诉你啊，掉水里后，要保持头在水面上，双手下拍让人浮起，有人救你时，千万别乱抓着别人不放……大熊说了一大堆，我几乎没听进去，因为，湖上的朝阳，真的太美了，我感觉自己闯进了一幅画里。

大熊也放下了船桨，拍起照来。我虽然带了相机，但是景色美得我不想动，我横躺在船上，脱了鞋子，把脚放在了水里，闭着眼睛，听着快门“咔嚓咔嚓”的声音。觉得生活最美不过如此了。没有人划船，船就自己在湖中央漂着。

没一会儿，快门声没有了，我睁开眼睛，看到大熊也横躺了下来。他说，看你那么惬意，我也懒得拍照了，这里风景美得让人连拍照都觉得多余。他就躺在我旁边，我们一起光着脚丫沐浴朝阳。

大熊拿出手机放起了轻音乐，每首都没听过，但都和情境融为一体。我们就这样，一句话也没说，闭着眼睛，在湖上漂着。

我感觉自己手心好烫，慢慢睁开眼，才发现，大熊的左手，握着我的右手，也不知道是什么时候的事情，我却也不感觉尴尬，此情此景里的一切，都显得那么恰如其分。

我继续闭上眼睛，享受着这诗意的一切。不知过了多久，直到太阳开始刺眼。大熊松开手，坐起身，拿起船桨，说，我们该回去了。

我没睡着，却仿佛从梦中醒来，迷迷糊糊地说，好。

划回岸边，把船停在原来的位置，爬上岸，然后离开。我回头看了一眼，我想，我会记住这里的，这里的湖水，朝阳，还有人。

10

大熊要走了。

我跟猴子说，我们去送他吧。她说，机场很远呢。我说，他英语不好，怕沟通问题错过了登机。猴子这才勉强答应。其实，登机流程，全世界都一样，不会说话也没问题，可我就是想送送他。

大熊进机场的一刻，我以为他会有个离别拥抱，可是没有，他说了句再见，在我和猴子各自的肩膀上拍了一下，就消失在安检口，我以为他会回一回头，可是他没有。

大熊走后，我和猴子的日子变得无聊。显然那晚大熊的话她听进去了，没有再念叨要嫁给围巾店老板，可是她那两天好像又迷上一个滑翔伞教练，为了教练，去滑翔了两次，烧钱不说，还遭罪，我滑一次就快折腾吐了。

离别的前一天，猴子去找她亲爱的教练道别，我一个人待在住处，哪也不想去，因为这里没有我想道别的人。此时的大熊早已过上了北京时间，不知道他现在在干吗呢。

我突然好想找他说说话。发了几条微信消息给他，他没有回我，大概在忙吧。

然后，我再发了一条有些长的信息给他，我告诉他，谢谢他这阵子的照顾，他是我旅途中遇见的最有意思的人，我会珍惜这段时光……

他还是没有回我。

大约过了半个小时，手机响了，我打开一看，大熊给我发了一张照片，是一张他和一个大眼睛美女的合影。他说，九月丫头，这是我女朋友，你别再给我发这种消息了，她会不开心的。

果然，跟大部分摄影师一样，大熊有一个漂亮的女友，也对，女孩儿都会爱摄影师的。可，为什么他从来没说过，的确，我也从没问过。

我突然好伤心，不是因为他有女朋友，而是，他对我的态度，我只是单纯的一段感谢，一段告别，没有说我喜欢他，更没有说我会去找他，他为什么拒人千里呢，难道，每一个踏上旅途的人都会变成另外一个人，而我之前遇见的，其实不是他本身，现在才是他真实的样子。

我顿了顿，没有再回复大熊，而是，轻轻地，把他从我的列表中删除了，可我依然谢谢他，依然会记住湖面上的那个清晨。

11

所有的美景，和所有的好人，都应该在最高点戛然而止，不是吗？

那些“运气好”，只是在安慰你的平凡可贵

贞 真

“呦，瞧瞧你家小艾，怎么就这么优秀呢。同样是吃米长大的，怎么我家傻小子就是学习不如小艾，业余兴趣也没一样拿得出手……”一个略带酸气的女声透过门板隐隐约约地传了进来。

彼时，我和那个声音中的“小艾”，正并肩躺在床上，偷闲地看着阿衰漫画。

“你听，外头又有人在夸你。这人谁呀？”

“我妈同事。听说他儿子和我分在了一个班，想和我妈套个近乎呢……”小艾无奈地撇了撇嘴，忽然凑过来，一脸神秘地和我说：“你听过我妈的回答吗？仔细听听。”

我竖起耳朵，在一片模糊中努力辨别雯姨的声音。

“……这没什么的。她呀，就是运气，运气好……”

“呵，你别说，还真是。你说这人啊，怎么会运气差那么多……我家小子……”

“运气”两个字一经托出，小艾为了优秀所付出的所有努力仿佛都掩于尘土。

“为什么你妈要这样说呀？”我不解。

“这也是没有办法的事。别人夸你，无论真心还是虚情，都不好回答。”小艾耐心解释，“‘运气好’倒是一个很好的托词。一方面，‘运气好’确实是一个客观因素，另一方面，这样谦虚一点儿，也让矮了一头的人心里不那么难受。”

小艾的话，像一柄锋利的剑，蓦然戳破了许多“运气好”背后善意的假象。

小艾是我从小玩到大的朋友。她的优秀，我比大部分人都了解。但若是有人说，她优秀是因为有好运气，我第一个跳出来反对。

我知道她为了这些好运气付出了多少。

在知道能否参与一次省级作文比赛将取决于期末考试的作文成绩后，整整两个月里，她坚持看杂志、看散文、看范文、记句子。对文字没有天赋的她，毫不埋怨，尽力把能做的都做了。最后，她的那次作文得了班级第二高分，她顺利取得了参赛资格。

后来，她和我说，班上有一些同学说她“运气好”。

她笑笑默认了，不与争辩，因为努力本就是自己的事。

从小学习民族舞的她，在一个非常优秀的导师的带领下参加了若干场全国性的比赛并都取得了不错的成绩。而她身边大多数学习舞蹈的人，连当优秀导师的学员的资格都没有，更别提由优秀老师推荐去参加全国比赛。于是“她运气好，碰到了好老师”这样的声音此起彼伏。

谁承想，遇见导师之前的她，和大家没什么不一样。她为什么能在众多学舞的小孩中脱颖而出，得到导师的认可，似乎并没有人想过。

还有，课间时间安静背单词的她，走在路上突然抓住我复习知识点的她，考后认真总结的她，这些“她”，好像都没有被人们看到过。

“说真的，明明很努力，却被人总结成一句‘运气好’，你不伤心吗？”我用胳膊肘碰碰她。

“之前不太开心，现在感觉没什么啦。”小艾耸耸肩，一脸无所谓，“我知道我的光芒万丈是为了自己，和其他人没有一点儿关系。”

嗯，你的光芒万丈为的是自己。

至于那些“运气好”，不过是安慰平凡又焦躁的人们，平凡可贵。